住宅耐震リフォーム 決定版

保坂貴司 = 著

CONTENTS ●目次

はじめに ≫ 住宅耐震リフォームの心構え　　006

CHAPTER 1　基礎と地盤対策　　011

■概要解説■ … 012

症例1 ≫ **異種基礎による被害例** … 016
　　▶基本対策 ≫ 既存基礎を補強する … 017

症例2 ≫ **基礎のクラックと不同沈下** … 018
　　▶基本対策 ≫ 基礎の根入れを深くする … 019

症例3 ≫ **基礎との接合不良** … 020
　　▶基本対策 ≫ 基礎と上部構造との一体性を図る … 021

症例4 ≫ **ブロック基礎の被害** … 022
　　▶基本対策 ≫ ブロック基礎は撤去を検討 … 023

症例5 ≫ **土留の構造の不備** … 024
　　▶基本対策 ≫ 土留補強は敷地と建物から判断 … 025

症例6 ≫ **危険な大谷石・ブロックによる擁壁** … 026
　　▶基本対策 ≫ 擁壁は鉄筋コンクリートや間知石積みに … 027

症例7 ≫ **間知石の目地割れ・変形** … 028
　　▶基本対策 ≫ 間知石の補強方法 … 029

症例8 ≫ **擁壁の上の盛土・構造物の設置** … 030
　　▶基本対策 ≫ 擁壁の絡んだ対策は難しいので、出来ることを行う … 031

●まとめ … 032

CHAPTER 2　湿度対策　　033

■概要解説■ … 034

症例1 ≫ **床下の湿度の影響** … 038
　　▶基本対策 ≫ 効果的な防湿対策を … 039

症例2 ≫ **壁内の多湿化と結露** … 040
　　▶基本対策 ≫ 室内の多湿化、結露には通気対策を … 041

症例3 ≫ **小屋裏換気の不具合** … 042
　　▶基本対策 ≫ 必須の小屋裏換気 … 043

症例 4 >>> **室内に湿度によるカビの発生** … 044
　　　▶**基本対策** >>> カビ対策には湿度調整を … 045
● まとめ … 046

CHAPTER 3　劣化対策　　047

▎概要解説▎ … 048

症例 1 >>> **劣化した野地板と屋根材** … 050
　　　▶**基本対策** >>> 　劣化した瓦葺の屋根の葺き替え … 051
症例 2 >>> **地震による瓦屋根の被害** … 052
　　　▶**基本対策** >>> 　瓦屋根の軽量化を図る … 053
症例 3 >>> **結露による劣化** … 054
　　　▶**基本対策** >>> 　結露には室内の温湿度対策 … 055
症例 4 >>> **浴室からの漏水** … 056
　　　▶**基本対策** >>> 　腐朽部分を取り除き防水対策 … 057
症例 5 >>> **浴室の腰壁をブロックで行った木造住宅** … 058
　　　▶**基本対策** >>> 　浴室のブロック壁は撤去が原則 … 059
症例 6 >>> **床板が沈む** … 060
　　　▶**基本対策** >>> 　床下の湿度調整 … 061
症例 7 >>> **床下の腐朽菌による被害** … 062
　　　▶**基本対策** >>> 　土台の耐久性向上と劣化対策 … 063
症例 8 >>> **浴室の土台の腐朽** … 064
　　　▶**基本対策** >>> 　腐朽した土台の取り替えは優先順位を決めて … 065
● まとめ … 066

CHAPTER 4　耐震補強対策　　067

▎概要解説▎ … 068

症例 1 >>> **土台・柱脚部の劣化** … 072
　　　▶**基本対策** >>> 劣化部分の取り替え … 073
症例 2 >>> **柱脚部の構造の不具合** … 074
　　　▶**基本対策** >>> 足元補強の方法 … 075
症例 3 >>> **筋かいの被害** … 076
　　　▶**基本対策** >>> 筋かい接合部分はしっかり基準に従って … 077
症例 4 >>> **筋かいの接合** … 078
　　　▶**基本対策** >>> 筋かいはたわみ対策と釘抜け対策が重要 … 079

症例 5 >>> **面材 (構造用合板等) の接合における被害**…080
　　　▶基本対策 >>> 壁の補強法（面材による補強）…081
症例 6 >>> **2 階床組みの問題**…082
　　　▶基本対策 >>> 水平構面の補強…083
症例 7 >>> **柱の引き抜け**…084
　　　▶基本対策 >>> 柱と梁の仕口の補強…085
症例 8 >>> **横架材の接合部の問題**…086
　　　▶基本対策 >>> 接合部の補強は金物で…087
症例 9 >>> **梁の強度（接合）不良**…088
　　　▶基本対策 >>> 梁の補強方法…089
症例 10 >>> **柱の劣化と断面欠損**…090
　　　▶基本対策 >>> 柱の取り替え、部分補修の方法…091

●まとめ…092

CHAPTER 5　増築工事をした建物への対策　093

▌概要解説▌…094

症例 1 >>> **お神楽が行われた木造住宅の問題**…096
　　　▶基本対策 >>> お神楽の建物の補強…097
症例 2 >>> **平面的増築の被害例**…098
　　　▶基本対策 >>> 増築部分補強のテクニック…099
症例 3 >>> **混構造の被害例**…100
　　　▶基本対策 >>> 平面的補強と立面的補強の考え方…101

●まとめ…102

CHAPTER 6　外装リフォーム対策　103

▌概要解説▌…104

症例 1 >>> **屋根下地の劣化**…108
　　　▶基本対策 >>> 屋根の劣化対策…109
症例 2 >>> **クラックの著しいモルタル壁**…110
　　　▶基本対策 >>> モルタル壁の撤去後の外装張り替えも検討…111
症例 3 >>> **羽目板の劣化**…112
　　　▶基本対策 >>> 劣化対策に注意…113
症例 4 >>> **アルミサッシュの問題点**…114
　　　▶基本対策 >>> 開口部対策は耐震性能とのバランスを考慮…115

●まとめ…116

CONTENTS ●目次

CHAPTER 7　内装リフォーム対策　117

■概要解説■ … 118

症例1 >>> **日照に問題ある北側のDK** … 120
　　▶基本対策 >>> DK・居間を中心に間取りの変更 … 121

症例2 >>> **問題のあるリフォームの優先順位** … 122
　　▶基本対策 >>> 構造リフォームを考える … 123

症例3 >>> **トラブルが起きやすい内装建材** … 124
　　▶基本対策 >>> 無垢材・フォースター（4星）の使用 … 125

●まとめ … 126

CHAPTER 8　性能向上リフォーム対策　127

■概要解説■ … 128

症例1 >>> **建築建材と化学物質** … 132
　　▶基本対策 >>> ホルムアルデヒド対策 … 133

症例2 >>> **換気の事故例** … 134
　　▶基本対策 >>> 住宅における換気対策 … 135

症例3 >>> **ドアの弊害** … 136
　　▶基本対策 >>> ドアから引戸へリフォーム … 137

症例4 >>> **高気密の弊害** … 138
　　▶基本対策 >>> 断熱材の敷き込みと通気対策 … 139

●まとめ … 140

CHAPTER 9　雨漏り対策　141

■概要解説■ … 142

症例1 >>> **屋根の雨漏り** … 144
　　▶基本対策 >>> 屋根の雨漏り単純化で対処 … 145

症例2 >>> **外壁の雨漏り** … 146
　　▶基本対策 >>> 外壁の雨漏り対策 … 147

症例3 >>> **開口部周辺の漏水** … 148
　　▶基本対策 >>> 開口部廻りの雨漏り対策 … 149

症例4 >>> **バルコニー周辺からの雨漏り** … 150
　　▶基本対策 >>> 接合部の防水処理が重要 … 151

●まとめ … 152

用語解説 … 153　／　耐震設計の変遷 … 157　／　建築工法・材料の変遷 … 158　／　あとがき … 159

はじめに >>>

住宅耐震リフォームの心構え

>>> 日本の住宅政策は新築重視だった

　日本では最近まで、住宅問題というと新築が中心で、リフォームの扱いは片隅に追いやられてきました。戦後日本の驚異的な経済復興の原動力として、政策的にも「土建国家日本」の姿が見てとれます。この間一貫して住宅着工戸数は日本経済の重要な指針でもありました。しかも徹底した新築指向だったといえます。

　ところがその新築も、何が根拠か示されないまま税法上、木造住宅は22年前後で償却扱いとなってしまい、中古住宅の評価は法的に認められているとはいえない状況が続いてきました。新築同様の全面リフォームをしても、柱1本を残せば中古住宅です。そして新築住宅も1年過ぎると中古住宅となってしまいます。

　これまでに、中古住宅を売却しても正当な評価をされず、悔しい思いをされ、矛盾を感じた方も多くいらっしゃると思います。私もまったく同感です。既存住宅を評価する基準が無いために、たとえ新築住宅より価値ある既存住宅であっても、正当な評価が行われないことに疑問を感じざるを得ません。中古住宅の正当な評価が行われる住宅政策を、筆者も切望しています。

　中古住宅のリフォームと新築工事の違いについて考えてみましょう。

　新築工事は、建築主と建築業者との契約で、一般的には基礎工事からすべてを1社の責任で施工されます。一部の工事を他社に発注することももちろんありますが、基本的には施工責任は1社が負います。

　これに対してリフォーム工事は、既存建物の施工業者とは別の業者が取り組むケースが多くなります。ですから、施工方法や工事区分、リフォーム工事により既存建物に与える影響など、いくつもの問題が出てきます。とりわけ、既存部分とリフォーム部分との境目で問題が生じるケースが目立ちます。

　こうした問題が生じた時、建築主とリフォーム施工者はどう考えるのが良策なのでしょう。筆者は、このような場合の責任区分をはっきりさせるために、事前に建物の調査を行うことをお勧めしています。リフォームは家の手術です。手術の前には必ず正確な検査が行われます。検査もなしに手術するなどという乱暴なことは決してしないはずです。

　事前の建物検査の目的は、既存建物の情報を整理し、建物のカルテを作ることです。カルテがあれば、リフォームの前後の比較や必要な工事を明確にできます。リフォームの成否を左右する第1の鍵はここにあると思っています。

はじめに >>> **住宅耐震リフォームの心構え**

>>> リフォーム工事の特殊性

　リフォームを考える際の第2の鍵は、リフォームは新築と異なり、時代背景に配慮しなければならないということです。建築基準法は昭和25年（1950年）に制定され、すでに66年が経過しています。その間には災害による被災経験や、社会的・経済的背景、技術の革新等の影響のもと、建築基準法も変遷を繰り返してきました。

　また、住宅に使用される材料も建築様式も変わってきました。建築基準法が制定された頃の住宅は和風建築が中心で、建築材料もそれに沿うものでした。しかし最近の住宅は、洋風化しています。その結果、建築に携わる職人の世界にも変化が生じています。

　和風建築の代表的材料である畳・襖は住宅現場から激減し、木造住宅の外周の建具も、木製からアルミサッシュに変わり、木造住宅の中心的な職人である大工職人の仕事も、墨付け手加工の時代から機械加工になってきています。

　こうした変化に伴い、問題も多様化してきています。建築の現場も少子化の波を受け、職人などで構成する協力業者は零細企業が多いため世代交代が進まず、何代か続けてきた店を閉めることをよく耳にします。

　一番の理由は経済的な背景によるものです。内需中心であった昭和初期から、外需に力点を置く経済政策の影が、産業界にも及んできた結果によるものと思います。

　建築会社内部においても、以前は現場の声が強かったものが、最近は営業の声が強くなっていることからも、建築業界の変化を感じます。このため、現在もっとも危惧されているのが技術の継承です。技術は一朝一夕には習得できません。資格制度に力点を置くことも大事ですが、現場で汚れ、汗をかくことで技術は身に付いてゆくものです。ですから、現場で働く技術者（職人）の技量にも目を向け、社会的地位の向上を考えて行かなければ、現場での働き手を確保することはできないと思います。

　新築の物件なら工場生産を中心に行うことも可能と思いますが、リフォームの場合には違います。増築・改築工事の時には、機械加工（プレカット）は困難です。現場の状況に合わせ加工・造作をしなければなりません。しかしそれが出来る技術者、職人が不足しています。

　リフォームは、建築基準法の変遷・地域性・建築物件の多様化・技術の変遷等を十分に頭に入れて行わなければなりません。こうした背景があるからこそ、リフォームを失敗しないためには、準備を整えることから始めることが大切なのです。
そのためには、
- 既存建物の調査を行う
- どのような工事が必要になるか
- 自分たちが望むリフォームの目的

などを加味したうえで、技術力のある業者を選定しなければなりません。

>>> 耐震リフォームの必要性

　日本が地震国であることは、恐らく日本人のほとんどの方が理解していると思います。昨年（平成28年）も4月14日（M 6.5）、16日（M 7.3）に熊本県で震度階7の地震が発生しております。10月21日には鳥取県においてM 6.6、11月22日には福島県沖でM 7.4の地震が発生し、多くの被害を各地にもたらしました。政府も耐震化の目標を挙げておりますが、実態は思うように進んでおりません。

　1981年に新耐震基準、2000年に性能規定制度等法改正もあり、木造住宅の耐震性能は確実に上がっております。神戸の震災後多くの実験も行われてきており、耐震補強の有効性は確認されております。

　筆者も神戸の震災以後、各地の震災地の調査を行ってきました。そして常に感じてきたことがあります。震災地での倒壊率は概ね2～3%です。もちろん地域差はありますが、震度に比例した被害といえます。

　被害を生じた原因は、地盤状況、建物の耐震性の差といえます。

　倒壊した建物に隣接する建物が、無被害にある光景も、被災地でよく見かけてきました。原因は明らかです。先述したように耐震性能の差です。もちろん新築住宅は、法改正もあり、既存住宅よりも被害が少ないのは当然のことですが、震災地の中古住宅においては、まだまだ耐震補強も進んでおらず、建物により被害差も激しく、耐震補強の必要性が強く感じられます。

　筆者の願いは地震被害を少しでも無くすことにあり、そのための研究活動を続けてきました。

　既存建物の調査を行い、耐震性能の向上を効果的に行うことを目的としてきました。さらに耐震性のみならず、劣化対策、その他の構造補強を行い、既存建物の耐用年数の向上に向けるべき活動をしてきました。

　それらの活動を通じて、耐用年数の向上は可能であると確信しました。既存建物のリフォームとともに耐用年数の向上を目指すことが今後の目標です。

　現在は費用をかけて耐震補強やリフォームを行っても資産上評価されないため、リフォームや耐震補強の推進が阻害されております。地震活動期にある今日、毎年のように地震被害により日本人の財産、生命が失われております。1日も早く木造住宅の正当な評価のもと耐震リフォームの評価が行われ、安全な家造りの進展が望まれます。

>>> 相見積もりの危険性を知っておく

　技術力は見積り金額には出てきません。金額の安さだけを業者の選定基準にすれば、失敗は目に見えています。むしろ、技術力のある会社は先読みをした見積もりを出す結果、金額が高目に付くことがよくあ

はじめに ››› **住宅耐震リフォームの心構え**

ります。

　よくいわれている相見積もりを取って業者を選定することは、その意味で危険なことなのです。

　まず、既存建物の調査を行い、自分たちの望むリフォームの目的と範囲を決め、技術力・実績のある業者を選定することが大切と思います。内容が不明確な状態で相見積もりをとることの落とし穴に注意してください。

　業者の側から見れば、建築主から同じ条件提示された場合には、見積り単価にはそれほどの差は出ません。あとは施工方法により工事単価が変わることがあります。

　ですからリフォームの場合には、

- 事前調査により既存建物の状態をどのように判断しているか
- 材料、仕様の選択・決定理由、および工事内容による工事会社の選択

などにより、工事単価は変わります。技術力の伴わない工事会社を選択してしまうと、仮に初期単価は安くとも、一番高い買い物になってしまう訳です。

　相見積もりで工事会社選考を考える場合には、こうした事情をご理解のうえ、慎重に考慮されることをお勧めします。

　本書は、リフォームを行う技術者、リフォームを検討中の建築主に向けたテキストを目指していますが、できればこれからリフォームを考えようとしておられる住み手（将来の建築主）の方にも読んで頂ければ幸いです。リフォームは、住み手の希望と、その希望をどうしたら実現できるかを工夫し努力する設計者・施工技術者が、一緒に考え、練り上げて行くことが不可欠だからです。

　問題が生じた場合にも、建築主・施工者が互いの立場を理解し、お互いが責任を持ちあう対応が大切です。間違っても一方的な意見の押しつけは慎まなければなりません。リフォームの成否は、建築主・施工者双方のこうした姿勢次第といえます。

　日本においては「リフォーム工事」への認識はまだまだ不足しています。中古住宅の評価、リフォーム工事の特殊性を十分に織り込んだ住文化を日本に根付かせていくことが大切と思っています。

はじめに ››› 住宅耐震リフォームの心構え

木造住宅のしくみ

図の住宅は、昭和40年代から60年代頃に造られた代表的な木造住宅です。浴室はタイル貼り、洋室、和室のあるちょうどリフォーム時期にある木造住宅をイメージした断面図です。本書を見てゆくなかで各部分の名称や、構造部分などがどのようになっているかを知るための参考にしてください。

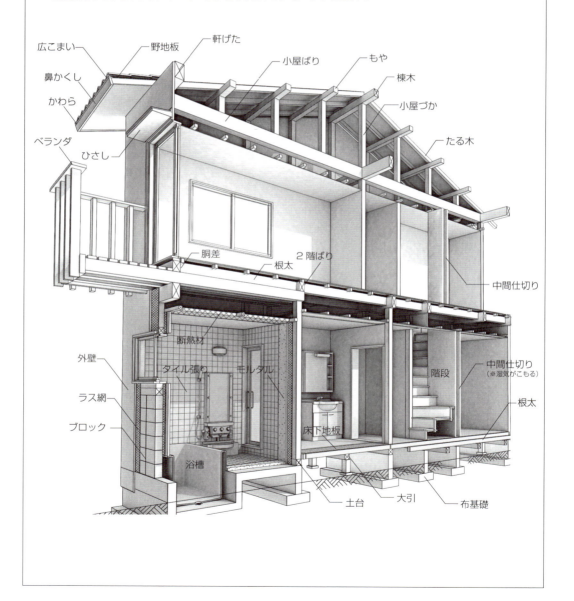

CHAPTER 1

基礎と地盤対策

CHAPTER 1
基礎と地盤対策

概要解説

まず建物の基礎と地盤を見てみよう

P157の年表にもある通り、建築基準法が制定されたのは、昭和25年（1950年）です。それ以前の昭和初期までの木造住宅の多くは、大きな玉石（独立基礎）の上に柱が直接載る工法でした。その後、玉石はコンクリートで作られるようになりましたが、柱が固定されていない状態は戦後まで続いていました。建築基準法の制定以降は、平屋は布基礎でベースなし、2階建は12cmの厚さのベースとされていました。そして、「基礎は連続」と定められたものの、その対象は外周のみ、内部側は独立基礎のままでした。

布基礎とは、断面が逆T字型の鉄筋コンクリート製の基礎。ベタ基礎とは、建物の底部の平面全体をコンクリートで板状に固めた構造の基礎。軟弱な地盤では杭基礎（地下の硬い岩盤まで届くように杭打ちを行った基礎）が採用されます。建物を支持する力は、杭＞ベタ＞布＞独立となります。

昭和46年（1971年）になって、内部側も布基礎とするよう改められ、基礎の形状は定められましたが、地盤についての規定は明確な定めがありませんでした。

このように、基礎の構造1つとっても時代とともに規定も変わってきています。新築と違ってリフォームは、上のいつの時代に建てられたかにより、対応は当然、大きく異なるわけです。また同じ理由から、これから基礎の計画を立てるためには、同一建物においては同一形式の基礎で計画することが原則です。水の流れをイメージして下さい。途中で力の流れを変えたり、基礎の強度や形式を変えたりすることがないように考えることが必要です。

以下、本章ではさまざまな時代に建てられた木造住宅の基礎について、実際に出会った症例を紹介しながら、事前調査から判断の基準、具体的な対応策、留意点などをまとめてみました。あわせて、土留や擁壁の補強についても検討していきます。

基礎がいくら強固に造られても、基礎を支持する地盤に問題があれば意味を持ちません。軟弱な地盤、造成された地盤などにより、地盤改良は必要になりますが、日本の70％以上が山地であることから、造成された土地は多くあります。造成は2m以下の場合には省略されていますが、必要性が感じられる場合には当然行わなければなりません。

基礎と地盤

木造の基礎には、独立基礎、布基礎、ベタ基礎があります（図1）。また、地盤が悪い場所では、杭を打ち込むこともあります。さらに地盤改良といって、表層の地盤が悪い場合には、地盤の取替え、締め固めをすることもあります。

また木造の基礎を設計する場合には、異なった形式の基礎（異種基礎）を使用すると不同沈下（不均衡な沈下）の原因になることから、異

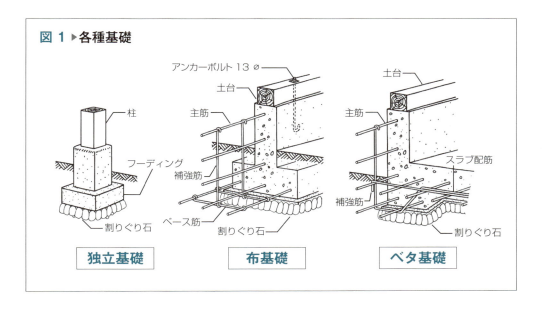

図1▶各種基礎

種基礎は使用しないことがルールになっています。

このように本来、基礎の形状は、地形・地盤と建物を検討した結果で決めるのが本筋です。住宅が常に堅牢な地盤に建てられているなどということはありません。同じ地盤でも、軟弱な地盤、盛土地盤、傾斜した地盤などもあります。また、砂地・粘土質・シルト（泥）などのように土質も種々様々です。これまでの法規定ではこの点が曖昧で、結果として、基礎に対する施工者の意識も薄弱だったといえます。とくに昭和56年（1981年）以前の2階建ての調査では、木造建物の基礎のベース厚さが12cm（旧基準の寸法）以上あるケースは2割以下で

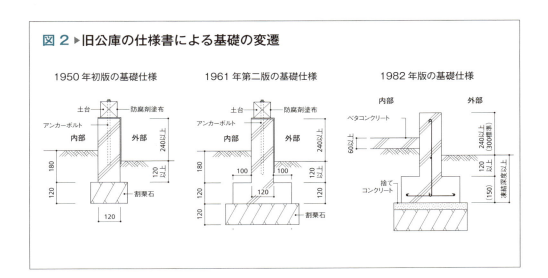

図2▶旧公庫の仕様書による基礎の変遷

した（既存建物の基礎の調査・一般法人耐震研究会調べ）。図2のように旧公庫（現在の住宅金融支援機構）の仕様書でも初版はベース厚が12cmとなっています。

　地震は地盤災害といえます。2011年3月の東日本大震災では、原発・津波被害に注目が集まっていますが、東北地方各地、関東地方においても液状化被害、丘陵地における地盤被害が各地で生じていました。ようやく最近、木造住宅の地盤の調査が義務づけられるようになりました（平成12年・2000年）が、その大半がSWS試験（※1）を行ってお茶を濁しています。しかし、SWS試験で判定できることはごく限られています。

　また、建築構造の専門家、地質の専門家はいても、建築と地盤の専門家はいません。まさにグレーゾーンが存在しているのが実情です。したがって、誰が基礎の構造を決定するのかといえば、設計者、施工者に他なりません。地盤業者（※2）任せではいけません。それぞれの立場の技術者からの問題点や意見を聞くことが肝要です。人任せの基礎と地盤の設計は避けなければなりません。

※1：スウェーデン式サウンディング試験＝重量沈下測定法と呼ばれ、重りをかけてスクリュー錘を地中に挿して地盤の強さ（支持力）を調べる方法。
※2：地盤調査から地固めの諸工事は、専門の地盤業者に委ねられることが多い。

建築基準法が示す最低限の基礎設計

　法律に基づく最低限の基礎設計は、建築基準法施行令38条を確認することから始まります。ポイントを纏めると次のようになります。
①建築物に作用する荷重と外力を安全に地盤に伝え、かつ、地盤の沈下と変形に対して構造耐力上安全なものとしなければならない
②異種基礎にしてはならない
③仕様規定にもとづいた構造方法を用いる（平12建告1347号）
④または構造計算する

　①で重要なのは「地盤の沈下と変形に対して構造耐力上安全なものとしなければならない」という部分であるにもかかわらず、地盤の性能を無視した上物（建物）だけを考慮した、基礎設計が少なくないことです。地盤の性能に基づいた基礎設計とするため、平成12年の国交省告示1347号では地盤調査で地盤の長期許容応力度を求め、それにもとづき基礎形式を選定するように求めています。

　表1は、建築基準法と瑕疵担保保険の「設計施工基準」にもとづいた基礎形式選定の規定を比較したものですが、内容が少し異なっています。

　瑕疵担保保険の設計施工基準では、自沈層の有無によって基礎の選定を求めています。これは、おそらく、不同沈下事故の原因が、地盤の許容応力度不足よりも地盤の不均質性や、自沈層の有無（地盤の変形）が問題となることが多いためでしょう。

　建築基準法でも基礎下2～5mの範囲に自沈層が確認された場合には、沈下等の検討や地盤補強などの措置を講じることを定めていますが（平成13年国交省告示1113号）、瑕疵担保保険は自沈層の状態によっては「基礎杭・地盤改良などの補強が必要」としており、建築基準法より厳しい基準となっています。

　これまで、建築基準法で地盤補強の要否は確認申請でもチェックすることはなかったのですが、住宅瑕疵担保履行法の施行により、瑕疵担保保険への加入が義務付けとなり、これにより地盤補強の要否におけるチェックを受ける

表1 ▶ 基礎形式の選定基準の違い

	建築基準法	瑕疵担保保健の設計施工基準
基礎形式の選定	**長期許容応力度（kN/m²）による選定**	
	・20kN 未満：基礎杭 ・20～30kN：べた基礎 ・30kN 以上：布基礎 ・70kN 以上の場合：無筋コンクリート、土台を設けず柱を基礎に緊結する形式または平屋で土台を設けず、足固めを使用して柱の下部どうしを一体化するようつなぎ、地盤に礎石などを敷き並べ柱を礎石上に立てる形式が可能 （平12建告1347号） ※旧公庫・品確法の性能表示（等級1）も同様	（地盤の許容応力度に関する規定はなし。ただし平12建告1347号の数値（20kN／㎡）をもとに構造計算を行ったべた基礎の配筋表などによる）
	自沈層の有無などによる検討	
	・液状化するおそれのある地盤の場合、または、SWS試験で基礎底部から2m以内の距離に1kN自沈が、もしくは基礎底部から2mを超え5mの範囲に0.5kN以下の自沈が確認された場合は、建物の自重による沈下、地盤の変形などを確認しなければならない（これが地盤補強の要否の一般的な判断基準となっている） （平13国交告1113号）	・深さ2m以深10m程度の間に0.5kN自沈以下が連続で100㎝以上、または合計で200㎝以上ある場合（深さ2m以深5mの間に自沈層がない場合をのぞく）：基礎杭、地盤改良などの補強 ・深さ2m以浅に「0.50kN自沈」以下が合計して50㎝以上ある：基礎杭、地盤改良などの補強 ・計測点すべてが「0.75kNゆっくり自沈」以上の場合で、各計測点のデータがほぼ同一：べた基礎 ・計測点すべてで自沈層がない：布基礎

ことになったといえます。

木造基礎と表層地盤の留意事項

　木造住宅の基礎工事の現物管理をするにあたり、留意事項をまとめます。まず地盤状態の把握が必要になります。仮に基礎設計が定められていても、それは限られた情報の元の結果です。木造住宅の構造の特性上、最も影響を受けるのが表層1m程度の部分にあります。

　この部位は地盤調査では未調査部分になっている場合が多いのです。地盤表層部は盛土層であり、既存建物の解体時に荒らされることが多くあります。そのため現場の作業次第で地盤条件が変わってしまうことに注意しなければなりません。

　直接基礎の底盤下は、深さ40～50㎝程度の深さの未調査部になります。したがって基礎の底辺部の状況と処理は重要です。直接基礎の場合、基礎底部1m～2mの地盤状態が圧密沈下など最も基礎に影響することから、周辺地形の確認、現場の地質判断、作業方法に注意が望まれます。

症例 1 ›› 異種基礎による被害

基礎のクラックの原因は2点考えられます。1点目は異種基礎部分に生じていること、2点目には基礎が平面的に通っていない、基礎の剛性不足になってしまったことです。

1点目の問題は、基礎の計画段階で剛性の異なる基礎構造（異種基礎）を採用した結果です。敷地が傾斜地（**図3**）にあることから、地形を利用し、地下部に車庫（ベタ基礎）を設け、その上に一部重なるように木造2階建（布基礎）を建てました。その果、建物とは、地盤も異なり、剛性も異なるため、クラックを生じてしまったのです。

2点目では、**図4**のように基礎梁が途中で曲がっているため基礎に力が流れにくく、異種基礎の境に力が加わりクラックを生じてしまった例です。

異種基礎はこれ以外にも、杭基礎と直接基礎（ベタ基礎あるいは布基礎）の場合にも同じようなことが考えられます。**図5**のように杭基礎と布基礎の不同沈下によるクラックなどが発生する可能性が高まります。

写真1 ▶ 基礎のクラック

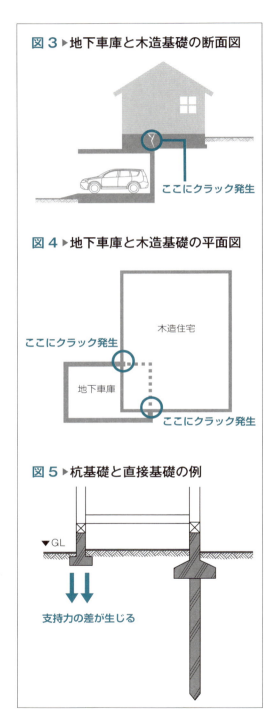

図3 ▶ 地下車庫と木造基礎の断面図

図4 ▶ 地下車庫と木造基礎の平面図

図5 ▶ 杭基礎と直接基礎の例

▶ 基本対策 »» 既存基礎を補強する

　基礎にクラックが入った場合には、クラックの補修が必要になりますが、その前に基礎にクラックが入った原因を調べなければなりません。結論を急がずに、まず原因を調査することが大切です。調査では、①まずレベルを図り、不同沈下の有無を確認します。②基礎の形状を調べ、基礎の立上り部分が弱いのか、ベースの形状に問題はないか、などを調べます。③また建物のどこにクラックが入ったのかを調査し、クラックの原因を確かめます。

　症例1の場合は②と③の確認が重要になります。その上で基礎の補強を進めます。よく、お神楽（おかぐら）（※）建物であっても、基礎の補強をしていない建物が多く見られます。本来は2階建てにした場合は建物が重くなりますから、基礎の補強がどうしても必要になります。

　このような場合には、建物の重さ・地質・地形なども配慮し、基礎が弱い場合には、既存基礎に鉄筋を入れた基礎を補強するなどの対応が必要です（図6）。

※：平屋造りの家に2階部分を載せて増築すること。

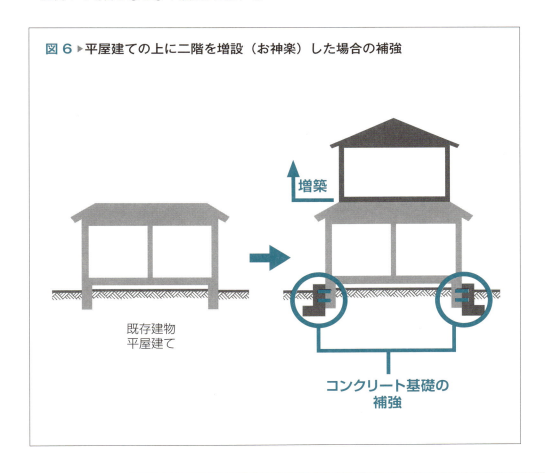

図6 ▶ 平屋建ての上に二階を増設（お神楽）した場合の補強

症例 2 ▶▶▶ 基礎のクラックと不同沈下

昭和56年（1981年）以前の木造住宅の基礎には鉄筋が入っていない建物が多いのが実態です（P158参照）。とくに昭和46年（1971年）以前の木造住宅の基礎は手練りコンクリートで鉄筋は入っておらず、その基礎も建物の外周だけで内部は独立基礎が一般的です。したがって基礎の剛性は小さく、クラックが生じやすくなります（**写真2**）。とくに床下換気口は、基礎の断面が欠損する部分になりますから、基礎にクラックを生じやすい個所です（**写真3**）。

造成地の住宅は、傾斜地に建てられることも多く、**図7**の例では表層の地盤の下の硬質地盤が傾斜していて、切土・盛土などの異質な地盤が混在しています。地盤の高低差が大きい場所では擁壁などが設けられます（**図8**）が、写真のようなクラックや、緩い地盤が下がり不同沈下を生じるケースも多く見られます。

写真2 ▶ 基礎のクラック

写真3 ▶ 床下換気口部のクラック

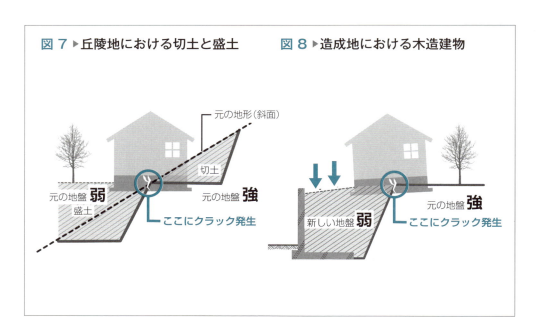

図7 ▶ 丘陵地における切土と盛土　　図8 ▶ 造成地における木造建物

▶ 基本対策 ≫ 基礎の根入れを深くする

傾 傾斜地などでは、盛土が厚い側の地盤ではベースを広げる、基礎を深くするなどの工夫も必要になります。このように建物の形状、荷重、地形、地質を念頭に置き対策を講じなければなりません。

地盤の安全な傾斜角度（30度勾配）について

平地の地盤が安定しているのはいうまでもありません。しかし、山間地の多い日本の地形では、地盤が傾斜している場所が多くあります。ただ、傾斜地であっても、傾斜角度が30度以内の場合には、すべりも生じにくく、安定した地盤と考えられます。傾斜地や、地盤に高低差がある場合は、30度以内の安定した地盤まで、基礎の根入れを深くすることが望ましいといえます（図9）。

傾斜地などでは、盛土が厚い側の地盤ではベースを広げる、基礎を深くするなどの工夫も必要になります。このように建物の形状、荷重、地形、地質を念頭に置き対策を講じなければなりません。

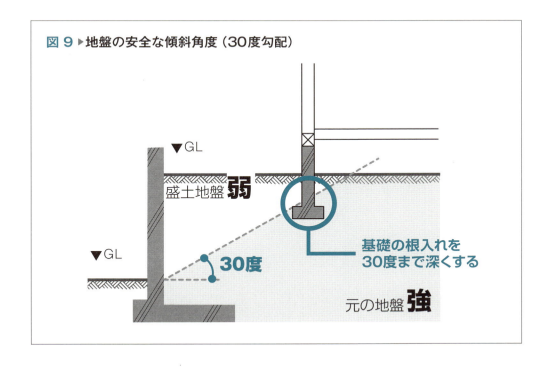

図9 ▶ 地盤の安全な傾斜角度（30度勾配）

症例 3 ≫ 基礎との接合不良

震災地の調査で、よく見かける木造住宅の被害の1つに、基礎から土台がはずれてしまった例があります。独立基礎の場合の問題点は、建物の荷重に対して接地面積が小さすぎる（地耐力不足※）、また土台との固定がなされていないことから、基礎と土台のズレを生じる（接合不良）ことがあげられます（**写真4、5**）。

そのため、下記の写真のような被害を受けることになります。こうした多くの事例・経験を得て、建築基準法の改訂が重ねられ、今日のような鉄筋コンクリート基礎に至ったと言えます。

写真4の建物では、地震により地盤、建物が大きく揺すられ、また基礎と木造建物の接合も行われていなかったため、基礎と建物の位置関係が大きく崩れてしまいました。

※：地震や台風など短期に建物に加わるものを短期地耐力、数十年という長期にわたって建物自体の重みで加わるものを長期地耐力と呼んでいます。

写真4 ▶ 東日本大震災にて
基礎と建物の接合が行われていなかったため、地震によって位置関係が大きく崩れた

写真5 ▶ 基礎と土台にズレが生じている伝統工法の基礎

▶ 基本対策 ›››　基礎と上部構造との一体性を図る

独立基礎の問題点として、地耐力の不足、基礎と木造建物の一体性の不足があげられます。建物荷重を地盤に伝えてゆけるような力の流れをつくる必要があります。

対策としては、床下をベタ基礎とし、地中梁を設け、基礎と上部構造との一体性を図ります（**写真6**）。

しかし、ベタ基礎を造る予算がない場合も多くあります。

伝統工法は、基礎の上に直接柱が載る、土台のない工法であるため、柱脚部分に力の流れができません。対策としては、柱の下部の劣化部分を取り替え、その部分に土台を入れ、柱脚を固定し、柱間の力の流れを作ることで、基礎との一体性はできなくとも、上部構造の柱脚部を固めることができるようになります（**写真7**）。

写真6 ▶ ベタ基礎の補強

写真7 ▶ **柱脚部の補強**　柱の劣化部分を取り替えたところに土台を入れて柱脚を固定

症例 4 ▸▸▸ ブロック基礎の被害

　ブロックは活用範囲が広く、あらゆる所で使われており、ブロック建築などもあります。しかも、ブロックには重量ブロック・軽量ブロック・化粧ブロックなど、いろいろ種類があります。それぞれ使用目的も異なりますから、使用用途により、ブロックの種類や形状を選ばなければなりません。

　ただし、ブロックは基礎に使うべきものではありません。

　写真8はブロックを建物の基礎に使った例です。その結果ブロックは崩れてしまいました。見たところ鉄筋も入っていません。

　このようなブロックの使われ方は多く、とくに増築部分の基礎や浴室周辺でブロックを使った例をよく見かけます（写真9）。ブロック基礎に被害が生じたときには、基礎の上部に載っている木造軸組部分は、現状を維持できず変形・破壊につながってゆきます。

　このような例からも、構造部分として重要な役割を担っている基礎の施工には、十分な注意を払わなければなりません。

写真8 ▶ ブロックによる基礎
ブロックの基礎で鉄筋も入っていないため無残に崩れている

写真9 ▶ 浴室腰壁に使用した被害例
劣化対策上、浴室ブロックの使用が多いが、構造上は弱点となり、腰壁に使用されたブロックは倒壊してしまった（熊本地方にて）

▶基本対策 ﹥﹥﹥ ブロック基礎は撤去を検討

ブロックを基礎に使用してはいけないことは述べました。本来は使ってはならないことですが、意外と多く使われているのが実態です。写真のように建物の基礎に使われているケースや、浴室周辺に劣化対策として使われているケースもあります（1 m程度、腰壁にブロックが使用されていることが多い）。

構造的には問題がありますので（**写真10**）、ブロック基礎は撤去を検討したいところです。浴室壁などで使っている場合には、基礎の補強を考えるよりは、既存のブロックを撤去し、コンクリートの基礎の上に耐力壁を設けることが望ましいでしょう（**図10**）。多少やっかいな工事にはなりますが、**写真11**のように浴室の腰部分のブロックを撤去し、基礎の上に直接土台を設置してブロック撤去部の補強を行います（**写真12**）。とくに木造住宅の隅部に浴室がある場合は、より補強の必要性があります。

写真 11 ▶ ブロック基礎の撤去

写真 12 ▶ 基礎の補強

写真 10 ▶ 浴室のブロック基礎
劣化対策として浴室部分にブロック基礎とする場合が多い

図 10 ▶ ブロックの撤去後耐力壁を設ける

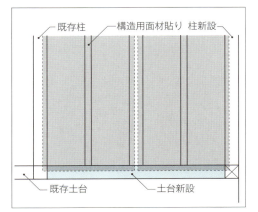

症例 5 ≫ 土留の構造の不備

丘陵地によく見られる例ですが、隣地との境の土留と距離がほとんど無く、不同沈下を生じている建物があります。

土留は本来、鉄筋コンクリート・間知石（けんちいし）などの構造物により造られるものですが、ブロックや大谷石・玉石などで造られた土留もよく見かけます。

また土留の高さが2m未満の場合でも、建物が土留の近くにある場合や、傾斜角が30度以上ある場合には、土留の強度を確認するか、建物の基礎を深くするなどの検討を行い、安全性を確認しなければなりません。

写真13は、高さは1m程ですが、土留と建物の間に距離がなく、すでに土留の上部が傾斜しています。写真14の場合は、土留が大谷石の上にブロックが積まれ、さらに盛土されており、建物との距離もありません。

写真13 ▶ すでに土留が傾いている

写真14 ▶ 大谷石の土留の上にブロック積み、内側では盛土が行われている

▶ 基本対策 ≫ 土留補強は敷地と建物から判断

傾斜地に多く見られることですが、隣地との高低差があり、建物が隣接している場合には、土留の補強がかなり難しくなります。

そのようなケースの補強方法としては、現場の敷地および建物などから判断しなければなりませんが、隣地との距離が施工の可能な距離の場合は、既存基礎の外側で基礎を補強する方法が考えられます（図11）。土留と建物の距離が無い場合には、建物の内側の位置に布基礎を設け、既存基礎を補強せざるを得ません（図12）。いずれの場合も基礎の底地部より30度以下の勾配内に基礎を設けることが必要になります。また、既存の土留を新規にする場合には、土留を鉄筋コンクリート・間知石などの堅固な土留に交換しなければなりません。

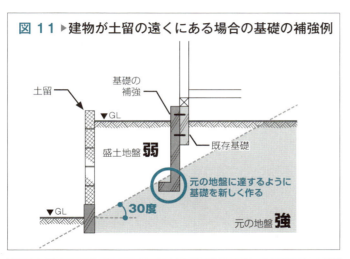

図11 ▶ 建物が土留の遠くにある場合の基礎の補強例

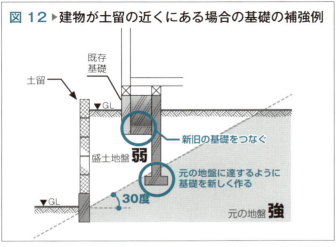

図12 ▶ 建物が土留の近くにある場合の基礎の補強例

症例 6 ›› 危険な大谷石・ブロックによる擁壁

擁壁は間知石・鉄筋コンクリート造りにしなければなりませんが、擁壁もなく、急斜面の上に木造住宅を建てているケースも見かけます。日本の7割は山地です。山あり谷ありで起伏の激しい場所は多くあります。都市化が進んで丘陵地に住宅を造るケースが増えてきていますので、慎重な対応が必要になります。

それだけではなく、擁壁の上にさらに盛土をし、ブロックや大谷石で土留を行っているようなケースも（**写真15、16**）よく見かけます。本来は絶対にやってはいけないことですが、残念ながら大変多い事例です。専門家が耐震診断をする際には、見逃してはならないのですが、地盤に目が向けられていない耐震診断も多く見受けられます。上部構造だけの診断は、本来あってはならないのですが、現実には「無料診断」を売り物に営業活動をしている団体もあります。無料診断には責任もなく、決して信頼を置けるものではありません。

写真15 ▶ 大谷石の擁壁

写真16 ▶ ブロックによる擁壁

▶基本対策 ≫≫ 擁壁は鉄筋コンクリートや間知石積みに

写真17は、症例の**写真15**に見るように、土留は大谷石による擁壁だったのですが、外構工事を行なう時に大谷石の擁壁から、鉄筋コンクリートの擁壁とした例です。

このように外構工事においても、構造上の検討を行い、この機会を利用して鉄筋コンクリートの擁壁にすることも可能です。リフォームの方法によっては、構造を壊すようなリフォームになってしまうことを覚えておく必要があります。不安を覚えるようなことがある場合には、別の専門家等に相談してみることも必要です。

震災の時に、擁壁の被害が繰り返されていますが、リフォーム時は構造リフォームの絶好のチャンスなのです。この機会を逃すことのないようなリフォームが望まれます。

写真17 ▶ 地下車庫を作るにあたり、地下車庫部分を鉄筋コンクリート造にした

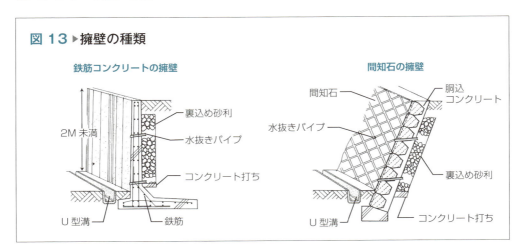

図13 ▶ 擁壁の種類

症例 7 >>> 間知石の目地割れ・変形

クラックは間知石だけでなく、鉄筋コンクリートの擁壁でも問題です。写真18は間知石にクラックが生じています。写真19は間知石の擁壁の上に盛土をし、さらにブロックで土留を行っているために危険な状態にある擁壁です。写真20は間知石の擁壁の上部が盛土の沈下により膨らみ変形したものです。どの擁壁もたいへん危険な状態で、地質調査とともに、擁壁のクラックや膨らみの有無などを調査する必要があります。

写真18 ▶ クラックのある間知石

写真19 ▶ 間知石の擁壁の上に盛土し、土留をブロックで施工してある危険な擁壁

写真20 ▶ 擁壁のたわみ変形

▶ 基本対策 ⋙ 間知石の補強方法

擁壁の補強対策は難しいことですが、重大な事故に繋がりかねないので、十分な検討が必要です。したがって、しっかりとした調査を定期的に行わなければなりません。

調査方法は、現況写真を撮り、図面を作成し、各部の動き、傾斜、膨らみ、クラック、目地割れ等を記録し、定期的に変化を監視しなければなりません。また、建物のレベルを定期的に測り、不同沈下の有無、敷地内の地盤沈下（**写真21**）を調べます。

擁壁の症状の進行が見られる場合には補修方法の検討を考えなければなりません。目地へのモルタル注入、裏込めの改修、間知石の部分的補修、シート等による養生を行い水の浸入を防ぐことなども必要です。

それらの対策で、擁壁の変異の進行が止まらない場合には、根本的な対策が必要になります。

擁壁崩壊は被害の拡大を招くので、状況によっては擁壁の改修等も考えなければなりません。

しかし予算や現場条件により施工方法にも制限があります。一般的な方法を下記に列記します。

① 建物の基礎の補強をする
② 盛土の切り下げ
③ 地盤改良を行う
④ 擁壁にアンカーを打ち込み補強する
⑤ 杭の打ち込み、シートパイルの打ち込み
⑥ 擁壁の再施工を行う。ただし状況によりコンクリート造、間知石（**写真22**参照）等で行う

などがあげられますが、下にくるほど条件は厳しくなります。

写真21 ▶ 宅地の地盤沈下

写真22 ▶ 間知石による補強工事

症例 8 >>> 擁壁の上の盛土・構造物の設置

擁壁の上にブロック等を積み、宅地の盛土をしている現場を見かけます（**写真23**）。しかし、土の重さはおおよそ1㎥あたり2.0t程度になります。100㎡の宅地に1m盛土すると、200tの荷重が載る計算です。筆者の調査例では、木造住宅の建物の重さは平均40t程度（2階建40坪程度）ですので、土の重さは木造住宅の約5倍に匹敵します。もちろん敷地全体の盛土が擁壁の負担になるわけではありませんが、木造住宅以上の重さが擁壁の負担を加算させることになります。通常の擁壁設計では、盛土は含まれていません。安易な盛土を行うことの恐ろしさを認識する必要があります（**写真24**）。地震の際には擁壁に予想以上の負担を強いることになりますから、擁壁上部の盛土は避けなければなりません。

写真23 ▶ 擁壁上部の盛土
擁壁の上部にブロック壁を設置してそこにも盛土をしている

写真24 ▶ 崩壊した土留
安易な擁壁の盛土は地震による危険にさらされる

▶ 基本対策 ≫ 擁壁の絡んだ対策は難しいので、出来ることを行う

盛土をしてしまった敷地における対策では、次のようなことが考えられます。出来ることから行ってもらいたいと思います。

第一には、擁壁地盤の上の盛土を除去します。

第二には、擁壁と擁壁上の建物の配置関係を調べ、擁壁の補強方法を考えます。

第三には、水分の浸透を防ぐことを考えます。

既存の擁壁も既存建物も、竣工してしまった状態で検討することは、難しいと思います。擁壁の作り直しは、さらに難しいと思います。
①既存の建物が建っている場合、重機が入っていけない等の制約もあり、上部の補強工事が難しい
②重機、材料の搬入、排出が困難
③修繕資金がかかり過ぎる

このような理由から擁壁の作り直しはほとんど難しいといえます。したがって、既存建物の側からの対応策を検討することが現実的です。例えば図 14 のように土留に近い盛土を除去する、あるいは上部からの水の浸透を防ぐなど、できることから行って下さい。

また間知石の擁壁の場合、上部の宅地が狭くなってしまうことから、人工地盤（図 15）が使われているケースも見かけられますが、非常に危険です。行うべきではありません。

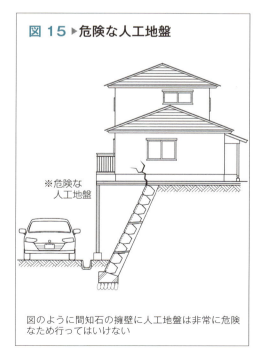

図 14 ▶擁壁の上の盛土の対策

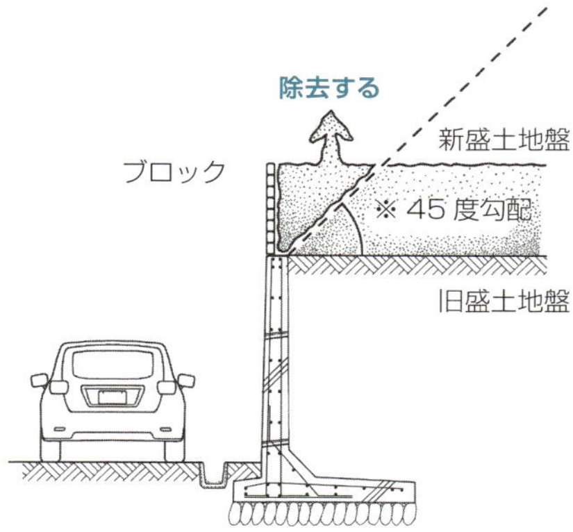

ブロック壁に盛土した部分は図のように除去する

図 15 ▶危険な人工地盤

図のように間知石の擁壁に人工地盤は非常に危険なため行ってはいけない

CHAPTER 1
基礎と地盤対策

まとめ

1. 木造住宅において地盤の問題があまり論議されずにきたが、木造住宅の基礎の検討には地盤は重要である。地形、地質、常水位の調査が望まれる。
2. 既存の木造住宅の基礎は、法改正年度により形状が異なっている。建築基準法の制定は昭和25年に制定されており、それ以前の建物では、独立基礎であった。法の制定後、建物外周は布基礎に定められ、昭和46年に建物内部の基礎も布基礎に定められているなど基礎形状にも変遷がある。鉄筋も新耐震基準前後より使用されてきているが地域差もあり昭和40年代以前は手練りコンクリートも多かった。
3. リフォームに当っては、基礎の補強・改修が大きな課題になるケースが多い。工事予算との兼ね合いから、どこまでの基礎の補強を行うかを決定しなければならない。
4. 既存建物ではクラックや不同沈下など不具合の原因をまず調査し、補強法を慎重に見極めることが重要になる。
5. 現行の法令では、土留や擁壁についても安全性の確認が義務付けられているが、丘陵地や昭和期に造成された宅地では、安全性に問題のある物件が多い。とくにブロックや大谷石を使用した個所の補修・補強は急務となっている。

CHAPTER 2

湿度対策

CHAPTER 2
湿度対策
▎概要解説▎

湿度が木造住宅の寿命を決める

　木造住宅において換気は重要な役割があります。換気対策は室内だけに限ったものではありません。床下・壁内・小屋裏などの部分においても必要になります。

　本来、水は人間生活にとっては必要不可欠なものです。農業・運搬・生活水など欠かせぬものでもあります。水というとイメージしやすいのは川ですが、川まで行かなくとも地表を数メートル掘れば、水は湧出してきます。日本はこのように水に恵まれた国で、「水に流す」などということわざもあるほどです。

　人間生活の中で必要不可欠な水であっても、過分になると問題が生じます。土中水の水分は木造住宅の中に浸入してきます。そして、過分の水分は室内にカビなどを発生させ、人の健康を損なうこともあります。水分は必要以上になると、腐朽菌が発生し、木材の腐れの原因にもなります。

　人間の健康を守り、木造住宅を長期間使い続けるためには、必要以上の水分供給をその原因から絶たなければなりません。しかし、建物は水分を含む土の上に建築されるため、住宅内への浸入を防ぐための工夫が必要になります。

住宅に水分を供給する主因

　住宅に水分を供給している主因は、地盤下にある土中水です。この水分を木造住宅内に浸入させないような方策を考えなければなりません。Chapter 1の冒頭でも紹介している通り、建築基準法の数次にわたる改訂で、最近の基礎は構造規準が強化され、以前とは比較にならないほど強度は高くなっています。このこと自体は住宅の安全面から多くのプラスをもたらしましたが、住宅の湿度対策という観点から見ると、喜んでばかりはいられません。基礎が強化されたために、建物の換気が悪くなったり、床下の湿度が高くなったりしたことも事実です。最近では建具もアルミサッシュになり、外壁の気密性も高まるなど、住宅内での湿度の管理がなかなか難しい状況になってきています。住宅内へ湿気が浸入する原因・ルートとしては、図1のようなものが考えられますが、建物の気密性が高まると一度室内に浸入した水分が、排出されにくい環境が生まれて来ているわけです。

壁内の通気

　木造住宅の湿気対策を行う場合、床下や室内の換気だけを行っていればよいわけではありません。室内の湿気には注意している方も多く、窓の開閉で室内に風を入れる努力をされています。最近は24時間換気など機械換気も義務付けられましたが、換気対策がこれで万全だと思ったら大きな間違いです。

　それは室内や床下の問題だけではなく、建物の部屋と部屋の間仕切り壁、外壁の壁の中の通気が必要になるからです。とくに図2にあるよ

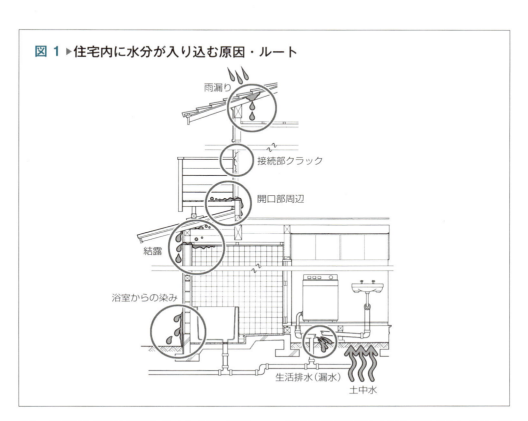

図1 ▶ 住宅内に水分が入り込む原因・ルート

うに、予想外に部屋と部屋に挟まれた壁（間仕切り壁）の湿度が高いことがわかります。

外壁側の壁よりも内壁間の壁のほうが湿度が高いのは意外に感じるかと思いますが、外壁は壁に熱を帯びるために相対湿度が下がり、また外気と面する部分も多いため、通気を得られやすいなどの特性があります。もちろん外壁の仕上げや施工方法などによっても異なります。最近の建物の場合には、剛性を高めるために耐力壁が構造用合板などの面材で施工される場合が多く、柱との隙間がないように直下貼り（※）をします。この場合、壁の剛性は高まりますが、湿度対策には問題が残ってしまいます。壁内の換気に対しては、何らかの対策が必要になります。湿気対策と壁を強くすることは相反する関係にあるといえます。

壁内通気で注意しなければならないのは、床下からの湿気だけでなく、室内側との温度差による、壁内に生じる結露の問題です。結露は気温差が生じたり、湿度が高いと発生しますが、通気を採ることにより防ぐことも可能です。結露が生じれば腐朽菌により腐朽が生じ、そこに湿気を好むシロアリが発生することもよくあります。

一方、雨漏りにも十分注意が必要になります。雨漏りは、壁のクラックや開口部周辺より生じることが多く、壁内湿度を上げるだけでなく、木材にも浸透し、木材の含水率を上げてしまい腐れの原因になります。

また仕上材料にも注意して透湿性の高い内装材を使用しない（室内から壁内への湿度の移動を防ぐ）、温度差も水分を呼ぶことから、で

きるだけ内外の温度変化が生じないよう工夫する必要もあります。例えば外壁の外側には通気スペースを取り、壁内外の温度変化を少しでも無くすことも考えられます。

また最近は、調湿効果のある内装材なども開発されていますので、その検討もしなければなりません。

※：直下貼りとは、構造用合板（面材類）などを、柱に隙間なく直接、釘でとめること。

小屋裏換気

写真1のように小屋裏部分に換気が無いケースが多いのも実情です。小屋裏の湿度が高く、結露なども見られ、木材表面にはカビも発生しています。

換気対策次第で環境を変化させることはできます。P043の図7は小屋裏換気の設置例ですが、吸気口と排気口の設置方法により換気状態は大きく異なっています。

既存住宅をみる限り、棟換気の取り付けられている木造住宅は少なく、吸気と排気の使い分けが行われていない場合をよく見かけます。小屋裏換気の設置はリフォーム時に行うことも可能です。夏場の2階の室内温度を下げるためにも、建物内部の湿度の降下にも効果的です。夏場の2階の不快感の改善とともにエアコンの効率化を図り、省エネ対策にも効果を上げる

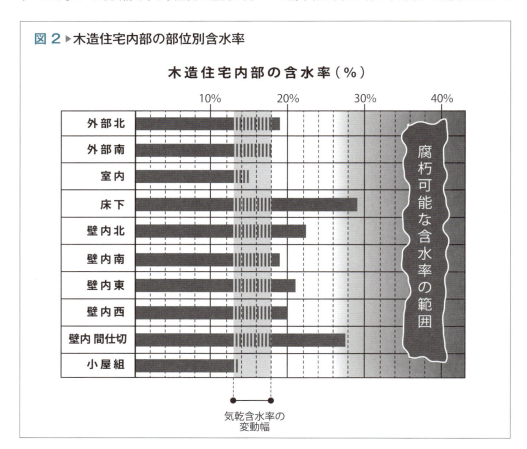

図2 ▶ 木造住宅内部の部位別含水率

ことになります。

室内の換気

日本の伝統的な木造住宅は、湿度対策に富んだ建物といえます。床下は独立基礎で通気性が良好であり、建築材料は調湿性に富んだ木材、また壁材に使用されてきた土壁も調湿材でした。外壁・木製建具も引違い建具を中心として通気性がよく、さらに日々窓を開ける習慣を日本人は持っていました。そして年末になると畳を外に出し、叩いて乾かすということが習慣的に行われてきました。まさに湿度の高い国であったことから必然的に生まれた、日本の生活習慣であったと思われます。

このような習慣は、日本人の生活様式の変化とともにいつの間にか変化してきました。最近は窓を開ける習慣が薄れ、建物は気密化が進められています。現在の日本の木造住宅は、一方では建物の断熱、気密性能を上げながら、もう一方ではこれまでの、窓を開け自然換気を取るという日本の伝統的習慣を退化させているようです。

室内の機密化を図り機械換気を行うことで、窓の開閉の習慣の衰退を補っています（図3）。また内装材での調湿材の活用も最近では行われるようになってきており、これも湿度管理の大切な手段の1つといえます。

しかし、木造住宅の気密化を進めることに異議はありませんが、もう少し自然換気の配慮も必要ではないかと常々考えさせられています。

写真1 ▶ 換気が悪くカビも発生している小屋裏

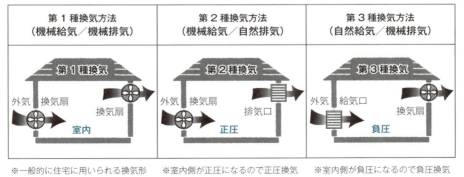

図3 ▶ 24時間換気システムの種類と特徴

24時間換気の換気形式には大きく分けて下記の3タイプあります。

症例 1 ›› 床下の湿度の影響

人々は河川などの水場を中心に集まり、街並みを形成してきました。ですから市街地の地盤は沖積層の軟弱な地盤の上にでき、その上に住宅は建てられることになります。

これは、地盤がゆるいということだけでなく、地盤下に地下水が溜まっていることを意味します。東京・大阪・名古屋などの都市部の多くの地域で、共通していえることです。

多くの木造住宅はそのような地盤の上に基礎を造り建てられてゆきます。日本は水の豊富な国であり、湿度の高い国ともいえます。

かつて伝統工法の建物では、石を置きその上に柱を建てるという工法により、木造住宅が造られてきました。この場合、床下には風を遮るものはなく、床下の通風は良好でした。

しかし、建物の強度を保つため、建物の外周の壁の下、内部の間仕切りの下には基礎が設けられるようになりました。その結果、基礎の強度は高まったものの、湿度の滞留を生じる結果になりました。

昭和40年（1965年）頃より、木造住宅の建具も今までの木製建具からアルミサッシュへ、そしてその後、複層ガラスが使用されるようになるなど、気密性も、より上がってきました。外壁には断熱材を挿入し、外壁材の下地には防水紙を貼るなど、断熱性能は向上しています。

その結果、土中水からの湿気が多量に建物内に浸入し、室内に滞留することになり、室内における湿度対策を考える必要が出てきたのです。

図4 ▶ 床下の土中水から建物内にはいる湿度の影響

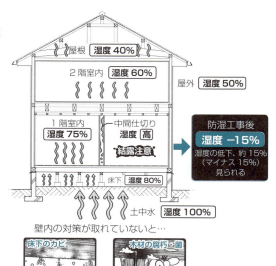

土中から建物内に入り込む湿度は屋外よりはるかに高く、結露やカビの発生の原因となる

▶基本対策 ≫ 効果的な防湿対策を

床下には、土中水からの水分が上がってきます。当然地形、地質にも大きく左右されます。低湿地の場合には特に、地下水位が高く、土中水からの水分が住宅内に上がってきます。ローム層の上においては、降雨の後でも、水分が土中に浸透しにくいため、水分が滞り、湿度が下がりません。一方、傾斜地、砂地の場合には、水が流れる、また浸透することから、水分が表層部に残ることはありません。

そこで、住宅内への湿気の浸入を防ぐためには、まず、雨樋からの雨水を下水に流してやることが大切です。雨水の垂れ流しの雨樋は、建物周辺に水分を残すことになります。

次に、土中水からの水分が上がってくるため、これを抑えなければなりません。最近の木造住宅の基礎は外周が布基礎になっていることから、水分は外に抜けません。仮にベタ基礎であっても、水分はコンクリートの粒子より細かいため、水分の浸入は防げません。そのためベタ基礎でも水分の浸入を防ぐ手立てが必要です。

最善の策は防湿コンクリートを床下に打つことです（砂利の敷き込み＋ポリエチレンフィルム 0.1mm以上＋コンクリート厚さ 6cm程度、**写真2**）。しかし、既存の建物では、床の除去をするようなリフォームでない限り、このような改修はできません。そのような場合には、写真にあるように、ポリエチレンフィルムだけでも敷きつめて土中水から上がってくる湿気を抑えるなどの方法も考えられます（**写真3**）。

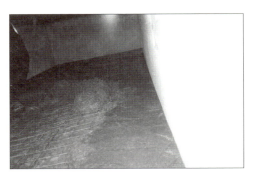

写真2 ▶ 防湿コンクリート

写真3 ▶ ポリエチレンフィルムの敷き込み

症例 2 ▶▶▶ 壁内の多湿化と結露

建物内の湿度を測ると、床下が一番高く、その次は室内・中間仕切り、そして外壁とありますが（図4参照）、これは室内・中間仕切りのほうが外壁側より通気が難しくなるからです。

とくに最近は耐力壁も筋かいだけでなく面材が使われるようになってきましたが、内壁側でも構造用合板、石膏ボードなどが増えたことも理由の1つと思われます。それ以外にもアルミサッシュ、またペアガラス、二重サッシュへと気密化が好まれ、断熱効果を上げることが住宅性能の向上につながると考えられていることもその一因です。

断熱性能を上げることと、通気性をよくすることとは相反する側面を持っています。壁内結露の発生は建物の耐久性能に大きく影響しますし（**写真4**）、シックハウスなどの影響も考えられます。断熱化を図る時には室内、床下、壁内の換気にも十分な注意が必要になります。とくに壁内通気には配慮しなければなりません（**図5**）。

写真4 ▶ 浴室壁内に生じた結露による腐朽

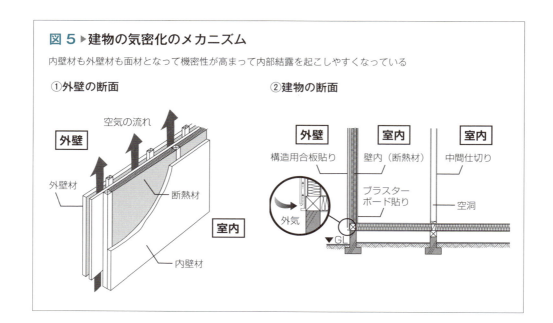

図5 ▶ 建物の気密化のメカニズム
内壁材も外壁材も面材となって機密性が高まって内部結露を起こしやすくなっている

基本対策 >>> 室内の多湿化、結露には通気対策を

壁内通気で注意しなければならないのは、床下からの湿気だけでなく、室内側との温度差による、壁内に生じる結露の問題です。結露は気温差が生じたり、湿度が高いと発生しますが、通気を採ることにより防ぐことも可能です。結露が生じれば腐朽菌により腐朽が生じ、そこに湿気を好むシロアリが発生することもよくあります。

従って、壁内の湿度・通気対策が重要になりますが、一方、雨漏りにも十分注意が必要になります。雨漏りは、壁のクラックや開口部周辺より生じることが多く、壁内湿度を上げるだけでなく、木材にも浸透し、木材の含水率を上げてしまい腐れの原因になります。

また仕上材料にも注意して透湿性の高い内装材を使用しない（室内から壁内への湿度の移動を防ぐ）、温度差も水分を呼ぶことから、できるだけ内外の温度変化が生じないよう工夫する必要もあります。例えば外壁の外側には通気スペースを取り、壁内外の温度変化を少しでも無くすことが必要です（図6）。

また最近は、調湿効果のある内装材なども開発されていますので、その検討もしなければなりません。

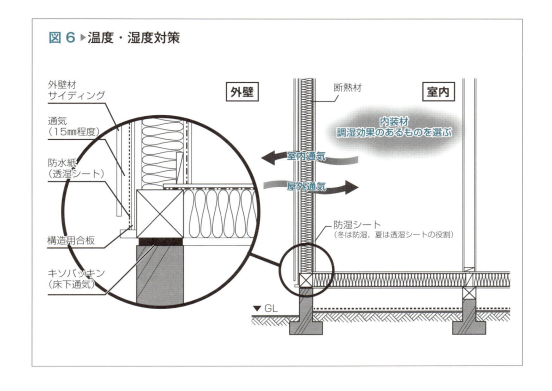

図6 ▶ 温度・湿度対策

症例 3 ≫ 小屋裏換気の不具合

小屋裏に全く換気口が無いケースもよくあります。せっかく軒天に有孔ボード（穴の開いたボード）を使用しながら、外装工事の際に有孔部分が塗りつぶされていることもよくあります。

夏場に建物の調査をする時に、調査員が最も汗を流す場所は小屋裏です。換気の悪い小屋裏の場合には、息が苦しくなるようなこともあります。当然、換気状況が悪ければ小屋裏の温度も高くなります。逆に小屋裏の換気の改善を図れば小屋裏における温度、湿度も下がり、2階の室温も下がる筈です。**写真5・写真6**は換気が悪くカビも発生しています（木材表面はヌルヌルするような状態になっていましたが、これもカビの一種です）。

写真のように小屋裏部分に換気が無いケースが多いのが実情です。

写真5▶小屋裏の湿度が高く、結露なども見られ、木材表面にはカビも発生している

写真6▶雨漏り痕が見られ、一部に腐朽部分がある

▶基本対策 ≫≫ 必須の小屋裏換気

屋根は直射日光が最も強く、また風雨にもさらされることから、熱と劣化の問題が生じやすい部位です。屋根部分のリフォームを考える場合、小屋裏の野地板（屋根材の下の板）が劣化している場合には、屋根材を上から被せる工法は避け、野地板から取替えて下さい。

小屋裏内の換気が悪く、また屋根材も断熱性が低い場合には、より小屋裏内の湿度・温度が高くなります。そのような場合には、換気対策を真っ先に考えなくてはなりません。小屋裏にも吸気と排気という空気の流れが必要です。熱気は上昇しますので吸気は下部に、排気は最も高い棟の部分に取り付けることが最適です。図7 に示されているように軒天には吸気、最も高い棟部分に穴を開け排気口を設けることが最も効果的です。

写真7 は棟部分に換気口を取り付けた例です。

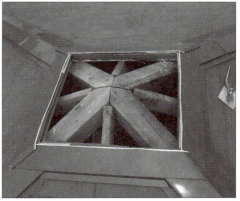

写真7 ▶棟換気の取り付け

図7 ▶小屋裏換気の取り付け例

天井面積の1／300以上（吸排気両用）

天井面積の1／250以上（吸排気両用）

吸気口　天井面積1／900以上
排気口　天井面積1／1,600以上

症例 4 ≫ 室内に湿度によるカビの発生

　湿気が室内に滞留すると、湿度が高くなってゆきます。そして、一定程度の湿度を超えてくると、畳、カーペットなどのように水分を吸い取る材料にはカビが発生します。

　住宅の中に発生するカビは30数種類といわれています。カビにも有害なもの・無害なものがありますが、人体に取り付き、感染症、アレルギー性疾患などを引き起こすものもあります。このようなカビによって発病する症状を「真菌症」といいます。水虫、タムシが良く知られていますが、体内に入りこみ、気管・肺・肝臓・腎臓などあらゆる器官に入り込んで、重大な病気を引き起こすこともあります。

　したがって、室内環境を整えるためには、どうしても湿度対策をしなければなりません。気密化された室内はカビの温床といえます。カビに汚染されたエアコンを作動させれば、カビを室内に撒き散らしていることになります。

建造物におけるカビ害

　住宅の中では浴室・塗り壁・タイル目地・タンスの裏側・押入の中・壁クロスなどあらゆる部分にカビが発生します。航空機のアルミ合金製の燃料タンクにまでカビが発生し穴が開いたという事例も報告されています。このようにカビをはじめとする微生物は、あらゆる材料に発生・繁殖し、様々な災害をもたらしています。

人体におけるカビ害

　カビ（真菌）に起因する疾病を研究する学問を「医真菌学」といい、カビが原因でかかる病気を「真菌症」と呼びます。抗生物質・免疫抑制剤・抗癌剤などを使用する高度医療が併発させるという日和見感染の深在性真菌症が多発しており、医学上の大きな課題となっています。

表1 ▶ 身の回りのカビの種類

風呂場	**クラドスポリウム**　レジネ　オーレオバシデウム　ブルランス
新築マンションの青畳のカビ	ペニシリウム　フレクエンタンス
湿った畳	ケトミウム　グロボーサム
エアコンの噴出し口	**黒い汚染以外にクラドスポリウム　クラドスポリオダイス**
冷蔵庫	ゴムパッキンのカビ　ドアを開けた時のかび臭い臭い **クラドスポリウム**　レジネ
布／木綿	トリコデルマ　ビルディケトミウム　グロボーサム
アルミ・ジュラルミンを腐食させるカビ	クラドスポリウム　レジネ
ＧＬボンド＋クロス貼りの青・紫のカビ	フザリウム　モニリフォルメ
コンタクトレンズ	アルテルナリア　アルテルナータ
古文書	ユーロチウム　シバリエリ
カメラのレンズ	ユーロチウム　レペンス　アスペルグルス　ニガー

クラドスポリウム……住宅の中に発生するカビの20％を占める黒カビ。湿度70％以上で発生する好湿性真菌で、浴室・洗面所の壁、結露の発生する窓サッシュ、壁、床、台所や冷蔵庫、エアコンなどで繁殖する

▶ 基本対策 ≫ カビ対策には湿度調整を

最近の新築建物には、ベタ基礎が増えています。確かに、軟弱な地盤に対しては有効ですが、ベタ基礎にすれば防湿性能も高まったとは一概にはいい切れません。問題は地業工事（コンクリートの下に砂利を敷く工事）です。一般の基礎工事の場合には地盤の締め固めが必要ですが、防湿コンクリートの場合は、湿度対策上砂利に一定の間隙(乾燥を促す砂利層)が必要になりますから、砂利層を締め固められては意味がなくなります。

リフォームにおいては換気扇や調湿剤が設置および敷かれていることもありますが、床下の気密性の乏しい場所では換気扇の効果も考えにくく、調湿剤も含水してしまえばそれ以後の効果は期待できません。こうしたケースでお勧めしている方法は、ポリエチレンフィルムの床下での敷き込みです。一概にはいえませんが、我々の調査では10％～15％程度の床下湿度の降下が確認されています（**図8**）。

この方法は、既存建物で行うには、簡易で費用もかからず、効果的な方法といえますので、是非リフォームの時には取り入れて頂きたいと思います。

人と湿度

住宅内の相対湿度は、住宅内での微生物の繁殖や、人間の生活・健康に深く関係します。

相対湿度が50％程度では、カビを含む細菌類は大半が活動できませんが、70％以上の高湿度になると繁殖が急激に盛んになります。60％以下でも死滅するわけではありません。

ダニは70％以上で活発に活動をはじめます。一方、40％以下の低湿度では、インフルエンザウィルスなどの活動が始まります。

カビ類は食品類を腐敗させ、人体内にも寄生します。また衣類に繁殖しやすく、床下や壁内では木材の腐朽の原因になります。

ですからカビを防止するためには、相対湿度を70％以下にしなければなりません。また冬期は相対湿度を40％以下に下げないように心掛けなければなりません。住宅内における相対湿度は40％～60％程度が望ましいといえます。

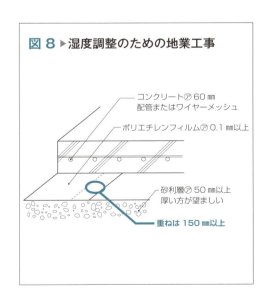

図8 ▶ 湿度調整のための地業工事

コンクリート㋐ 60㎜
配管またはワイヤーメッシュ
ポリエチレンフィルム㋐ 0.1㎜以上
砂利層㋐ 50㎜以上
厚い方が望ましい
重ねは150㎜以上

CHAPTER 2
湿度対策

まとめ

1. 木造住宅の湿度対策は、これまであまり意識されてこなかったが、木造住宅の気密化が進み、特に床下からの湿度の浸入は無視できない状況になってきた。したがってリフォーム時には湿度対策が望まれる。現状の調査・対策と報告書も必要になる。
2. 木造住宅を長く使い続けるためには、湿度対策が重要なキーとなる。
3. 建築基準法の改訂による基礎の改正（P012～015参照）、木造住宅の気密化の促進は湿度対策と相反する関係にある。
4. 床下からの湿気の浸入を防ぐには、最善策は防湿コンクリート打ち。次善策としてはポリエチレンフィルムの敷き込みを検討する。
5. 室内外の温度差による壁内の結露や、壁のクラック、開口部からの水分の浸入を防ぐ対策（壁内通気の確保や調湿壁・換気対策）が必要。
6. 小屋裏の吸・排気口の確保、屋内の通気の確保が肝要。
7. 壁内の湿気対策も配慮が必要である。特に中間仕切りは外周壁よりも湿度は高いことに留意する。

CHAPTER 3
劣化対策

CHAPTER 3
劣化対策
▮ 概要解説 ▮

劣化の原因を見極める

本章で扱うテーマは劣化対策です。木造住宅を劣化させる要因には、太陽光・熱や風雨雪のような自然現象、地震や酸性雨のような災害、さらには各種細菌や蟻の侵食による腐朽・蟻害、室内や壁内の結露など、実にさまざまなものがあります。

また、建設当初に使われた資材の材質によっても劣化のスピードは違いますし、同じ材質の資材でも使われた部位によって劣化の進行は大きく変わります。

しかもリフォームという視点で考えると、本来、住宅には不向きな建設資材の使用などにも、目配りする必要があります。

よく、木造住宅の耐用年数はどのくらいか、と聞かれることがあります。日本のいまの税制では、木造住宅の法定耐用年数は22年前後（自己居住用住宅の場合）とされています。実際に築22年以上が過ぎた中古住宅の残存耐用年数は4年程度と評価されることが多いようです。

しかし、実際に築20年を過ぎた木造住宅の価値がゼロに近いかといえば、決してそんなことはありません。木造住宅は適切なリフォームを重ねることで、耐用年数は100年でも、それ以上にでも延ばせるのです。

要は、住宅の部位や使用されている材質を調べ、劣化の原因を見極めたうえで、それぞれのケースに適合したリフォームを計画することが大切です。適切な時期に、適切なリフォームを、適切な工法で進める、これが大鉄則です。

屋根の劣化

屋根、外壁は長期間にわたって最も雨風にさらされてきています。そのため定期的な点検・修繕が必要になります。

屋根といっても瓦・彩色石綿版板・カラー鉄板など種類はいろいろです。屋根の材質により屋根の勾配も変わるので注意が必要です。さらに屋根下地の野地板（屋根の下地の板）も、小幅板・コンパネなど、築年代によって材質が変わってきています（最近では構造用合板が使われています）。このように、屋根の種類・形状が異なれば、リフォームの方法も当然異なります。

屋根の貼り替えが必要になる理由は、主に雨漏り、屋根材・野地板の劣化などがあげられます。最近では屋根工事を簡易に済ませる目的で、被せ工法なども多く行われていますが、事前に小屋裏から劣化状況を確認することが必要です。腐っている屋根下地の上に新しい屋根を被せているようなケースを見かけることがありますが、このような屋根のリフォームは、費用をかけてより状況を悪くすることにもなりかねません。

まず、劣化が見られるような場合は劣化部分の取替えを先行させます。このことは木造住宅の耐久性を向上する絶好の機会ですから、せっかくの機会を逃すことのないようなリフォームを行うことが大切です。

また、屋根の軽量化を図ることも地震対策としては効果的ですが、すべてを満足させるような屋根の素材はありませんので、慎重な選択・

検討が必要です。

外壁の劣化

外壁の劣化の原因は、
①外部からの風雨、熱などによる劣化
②クラック等による外壁からの雨漏り
③開口部の建具廻りの劣化・雨漏り
④結露による劣化
等があげられます。外壁部は直接風圧を受けます。また、夏の太陽光などの熱によるクラックの発生や、モルタル壁の浮きなども劣化を呼び込みます（**写真1**）。雨漏りの中でも最も多いのがこの外壁からの雨漏り事例です。

また外壁にある開口部・窓・はき出しなどの建具の劣化や、アルミサッシュのはめ込みの不備、開口部廻りからの雨漏りなども多く指摘されています。

そのほかにも、通気性が悪く結露により壁内には水分が残って劣化に及ぶ場合もあります。しかも、最も多い事例のひとつですので、注意が望まれます。上記のような状態が見られる場合には、早めの対策が必要です。

浴室廻りの劣化

既存の木造住宅の浴室では、昭和40年〜50年代頃までの壁・床は、タイル貼りの仕上げが多く見られました。しかし浴室が1階にある場合には、防水工事が施工されることが少なく、タイルの洗い場の床と壁の立ち上り部分などの隔部から水が漏れ、浴室周辺の土台に水が廻って、腐れが進行している場合があります。とくに築後30年以上経った木造住宅では、このようなケースはよく見られます。

本来であれば、建物を劣化から守るにはたとえ1階であっても防水を行うか、浴室周囲の壁を鉄筋コンクリートにすることが望まれます。ブロックを積んでいるケースも多くありますが、ブロックは劣化対策にはなりますが、構造的には問題があります。

外壁がモルタル塗りになっている場合は、板貼りよりも通気性が悪くなることから、劣化が進みやすいことが考えられます。

以上のような条件に当てはまる場合は、より注意しなければなりません。とくに外壁側の土台や柱が劣化している場合には、上部の荷重が支えられなくなるだけでなく、地震の時などには、重大な被害を生じることが考えられることから、速やかな対処が必要です。

写真1 ▶ 外壁のモルタルのクラック

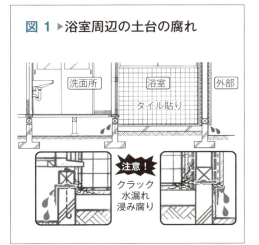

図1 ▶ 浴室周辺の土台の腐れ

症例 1 ≫ 劣化した野地板と屋根材

野地板とは屋根材の下地に貼ってある板のことをいいます（現在は構造用合板）。築30年くらいまでの建物ではコンパネ（コンクリート用パネル）が使われているケースが多くあります。それ以前では小幅板の杉板などが使われてきました。

構造用合板・コンパネは気密性が高い反面、通気性が悪く結露を生じやすく、劣化の進行が早いという欠点もあります。雨漏りや結露により野地板の劣化が生じていることが多く見られます（**写真2、3**）。勾配をしっかり取り、また小屋組み内に換気の仕組みを設けることで雨漏りや結露を防止しなければなりません。

また、彩色石綿板の風化（**写真4**）や、カラー鉄板の使用されている部分では錆に注意が必要です（**写真5**）。瓦や石綿板を重ねる屋根材では、屋根材のズレや割れを生じていることもありますから注意しなければなりません。

写真2 ▶ 野地板の劣化

屋根材を剥がして野地板の劣化を確認

写真3 ▶ 室内側からの野地板劣化

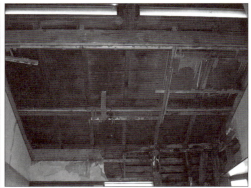

室内側から野地板の状況を確認

写真4 ▶ 彩色石綿板の劣化

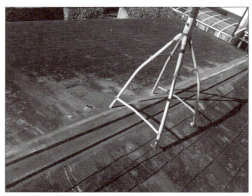

写真5 ▶ カラー鉄板の劣化

▶ 基本対策 ≫ 劣化した瓦葺の屋根の葺き替え

劣化したカラー鉄板瓦棒葺きの屋根を、耐久性の高いガルバリウムの屋根に貼り替えます。

この時の手順としては、まず野地板の劣化確認を行い、劣化部分は取替え、遮音材や断熱材なども入れたうえで屋根材の取替えリフォームを行います。

写真6は貼り替える前のカラー鉄板葺きの屋根の状態です。

写真7、写真8はガルバリウムの屋根に葺き替えた後の写真です。この時に棟部分には写真8のように棟換気を入れることが望まれます。

排気は屋根の高い位置に取り付けることが最も効果的です。軒下に換気口を取り付けただけでは小屋裏内の換気の効果はあまり期待できませんので、必ず軒天で給気(写真9)・棟換気で排気を取り、小屋組み内の換気対策を心がけることが大切です。

写真6 ▶ カラー鉄板瓦棒葺屋根

写真7 ▶ ガルバリウムに葺き替えた屋根

写真8 ▶ 棟換気の取り付け

写真9 ▶ 軒下換気の取り付け

症例 2 ≫ 地震による瓦屋根の被害

日本は地震国です。M 7.0 程度の地震は年に平均1回は発生しています。2011年3月11日には東北地方においてM 9.0という日本の歴史上最大規模の地震が起きました。この東日本大震災では津波と原発による被災が目立ち、木造住宅の被害については、あまり語られる機会が少なかったように思います。

しかし、いつも被災地で目立つのは屋根にかかったブルーシートです。このブルーシートの下の屋根はほとんどが瓦屋根です（**写真10**）。瓦屋根は断熱性・耐久性も高く、性能面では優れた屋根材といえますが、地震の時には屋根材自体が重いということから、不利に働きます（**写真11**）。建築基準法では瓦1枚1枚釘留めが定められていますが、正確には行われていない瓦屋根も多く見受けられます。このようなケースでは地震時に瓦屋根がずれ、結果ブルーシートのお世話になることになります。

こうしたことから、瓦屋根から軽い屋根に取替えることは、耐震性の向上につながります。しかし木造住宅は地震のことだけを考えて屋根材を決めるわけではありません。耐久性、断熱性、劣化性能などを考え合わせて判断することが必要です。

写真10 ▶ 瓦屋根の被害 この地域の瓦屋根はほとんど被害を受けた（鳥取県西部地震）

写真11 ▶ 瓦の重みに耐えかねて潰れた住宅（能登半島地震）

▶ 基本対策 ≫ 瓦屋根の軽量化を図る

写真12は既存の瓦屋根を撤去し、ガルバリウムの屋根に取替えている様子です。

このように屋根材の葺き替えを行う時には、リフォームの目的をよく検討しなければなりません。

一口に屋根といってもいろいろあります。そしてそれぞれの屋根材にも長所、短所がありますので、屋根の材料を選ぶ時には、よく検討をして頂きたいと思います。選択の際には短所を補う方法も検討してほしいと思います（**表1**）。

例えば、瓦屋根は断熱性・耐久性には優れているが、屋根勾配は**表1**のように4寸程度必要になります。彩色石綿板では勾配は3寸程度、ガルバリウムでは1寸5分の勾配が一般的です。一方、材料荷重では瓦が最も重く、石綿板・ガルバリウムの順です。

したがって地震時はガルバリウムが最も有利ですが、台風では重量のある瓦が有利に働きます。ガルバリウム鋼板を利用する場合には、台風に備え屋根下地を金物で固定するなどの対策が必要になります。

写真12 ▶ 瓦屋根を撤去し、金属屋根への葺き替え

表1 ▶ 屋根の種類と比較

項目＼種類	金属板	色彩石綿板	瓦
屋根勾配	1寸5分程度	3寸程度	4寸程度
重量		小	大
耐久性			大

症例 3 ››› 結露による劣化

建物の外壁は、屋根と同じく最も劣化が生じやすい場所です。とくに雨漏り、結露には注意が必要です。例えば**写真13**では、屋根のトップライト（天窓）に結露が生じ、また雨漏りなどによる水分の浸入で壁内の劣化が進み、ラス下（外壁のモルタルの下地に貼る横貼りの板）だけでなく筋かいまでも腐朽菌、シロアリの被害を受けていました。

また、壁内通気が悪い場合、もしくは不足している場合にも壁内に結露が生じ、木造建物の壁下地、柱、土台、筋かい等の木部に腐朽菌が発生し、**写真14、15**のように壁材に腐れが進行していることもありますので注意が必要です。

雨漏りか結露か分かりにくい場合も多くありますし、雨漏りと結露が複合して生じる場合もありますので、慎重な調査が必要です。雨漏りであればまず外部からの漏水個所を調べます。雨に関係なく水分が認められれば結露で、結露は室内側に生じることから、湿度状況を調べ、換気対策が必要になります。しかしその両方というケースもあります。どちらにしても早めの処置が必要です。

写真13 ▶ 屋根のトップライトからの結露や雨漏りで壁内が劣化

写真14 ▶ 結露による腐れ

写真15 ▶ 雨漏りによる腐れ

▶ 基本対策 ≫ 結露には室内の温湿度対策

屋根に取り付けられるトップライト（天窓）は、雨漏り、結露原因になりがちです。屋根のトップライト廻りからの漏水に注意し、早めに雨漏りは止めなければなりません。またトップライトの取り付けを行った場合には、結露水の排水処理方法に十分留意し、結露水が壁内に入ることの無いような処理を講じなければなりません。

外壁からの雨漏りも大変多く、木造住宅の劣化を誘う原因になります。とくに開口部周辺からの雨漏り事例は数多く報告されており、十分な注意が必要です。

アルミサッシなどの金属製建具は気密化には効果的ですが、結露が発生しやすくなります。とくに金属製建具は、木製建具よりも結露も生じやすいという欠点も持っています。さらに、金属製建具から壁内に水分の浸入が生じ、結露の原因になっていることもあります。

こうした結露に対しては、室内の温湿度対策が必要になります。また以前から行われていたように、窓を開けるなど、空気の流通も大事な対策の1つですが、室内への機械換気の設置も選択肢になります。

写真 16 ▶ 劣化対策後の内装工事
内装時、壁の劣化部分の取り替えを行った

写真 17 ▶ 外壁モルタル吹付け
外壁のクラック等の補修処理後、外壁塗装を行った

症例 4 >>> 浴室からの漏水

　写真18は浴室タイル貼りの写真ですが、配管などの部位からの漏水が見られました。浴室内でタイル仕上げを行う場合は、入隅部分に注意するとともに、配管廻りからの漏水にも注意しなければなりません。

　写真19は床下より浴室側を見ているが、浴室からの漏水による浴室廻りの土台の劣化が認めらました。最も水分が溜まりやすい、基礎天端・土台の下部においては被害を受けやすくなります。写真19では、基礎の入隅部に蟻道も見られることから、早期の浴室のリフォームが必要になります。

　写真20は浴室の外壁を剥がして見たところです。浴室からの漏水が見られましたが、土台の腐朽が進んでいます。外周壁は、柱を受け、地震や台風時には建物の重量を支え、地震の揺れから建物を守る力の流れ道ですから、構造上重要な役割を担います。隅部の場合には特に重要です。劣化が進行すると当然、耐久性・耐震性も低下します。

　写真21においても、漏水・結露により外壁・柱・土台などに腐れが生じ、シロアリも侵入し蟻害を生じていました。なお、写真20、21の腐れは腐朽菌によるものです。腐朽菌にも数十種類あります。

写真18 ▶ 配管から漏水している浴室タイル

写真19 ▶ 床下より浴室側を見る
浴室からの漏水で土台が劣化している

写真20 ▶ 浴室外壁を剥がしてみる
浴室からの漏水で土台の腐朽が進行している

写真21 ▶ 浴室の内装を剥がしてみる

▶ 基本対策 ≫≫ 腐朽部分を取り除き防水対策

腐っている、あるいはシロアリの被害を受けている場合には、壁を剥がし腐っている土台や柱、壁などを取替えなければなりません。

浴室部分などのリフォームを行う場合には、劣化の可能性を疑わなければなりません。外壁からの雨漏り、浴室からの漏水の痕跡などを調べます。

取替えにあたっては水廻り部分でもあり、今後も漏水・結露などによる劣化対策が要求されます。そのため木材の選別も重要になり、桧の芯持ち材やヒバなどの耐久性の高い木材の使用が望まれます。桧といっても辺材部分は耐久性がありません。桧の芯部、赤味の部分が腐朽菌やシロアリなどの生物劣化に対して有効な働きをしてくれます。

劣化も部分的である場合には、リフォームが可能ですから、一部に劣化が生じたとしても、耐用年数が問題になるということはありません。築30年では耐用年数というよりも、リフォームを行う時期と考えるべきでしょう。

浴室がタイル貼りの場合には、タイルを剥がし腐った土台を取替え、耐震補強をするチャンスでもあります（浴室周辺は外周壁の近くにあることが多く、壁も多い）。

写真22 ▶ 防水工事を行いタイル貼りとする

写真23 ▶ ユニットバスとする

症例 5 ≫ 浴室の腰壁をブロックで行った木造住宅

写真24、25は中越沖地震、26、27は熊本地震における浴室周囲の腰部分をブロック積みした住宅の被害写真の例です。

写真24はブロックに十字にクラックが生じ、内壁タイルの剥落、アルミサッシュもはずれて下に落ちており、地震の衝撃が感じられますが、まだ幸いなのは、外壁面の中間に浴室が位置していたことです。

写真25は、浴室部分が建物の出隅部分に位置していることから、地震力の負担は大きく、腰壁部分のブロックが傾いてしまいました。何とか倒壊はまぬがれたものの残留変形が大きく残ってしまいました。

写真26、27は浴室腰壁ブロックの崩壊写真です。浴室の腰壁部分に積んだブロックは、劣化対策としては効果を認められますが、構造的には、異種構造（ブロックと木造）となり、耐震性能上問題が生じます。写真事例のように外壁面にあるブロックが外に崩壊してしまいました。とくにブロックで囲まれた浴室出隅部が位置する場合は注意が必要です。熊本地震ではこのような被害が多く見られました。

写真24 ▶ 浴室外壁のブロック壁に十字状にクラックが生じている

写真25 ▶ 浴室の腰壁部分が傾いている

写真26 ▶ 浴室腰壁コーナーブロックの崩壊

写真27 ▶ 浴室腰壁ブロックの崩壊

▶ 基本対策 ››› 浴室のブロック壁は撤去が原則

腰壁がブロックの場合には、ブロックを撤去し、木軸組を作り、壁の補強をします。

その後防水施工をし、タイルを貼り替えます（**写真28**）。最近では、ユニットバスにするケースも多く、この機会にバリアフリー、湿気対策、断熱化を図るのが良策です（**写真29**）。住宅内における転倒事故や健康被害も多く、とくに浴室は裸になる場所でもあることから、急激な温度差による健康被害を生じる危険のある場所でもあります。

写真28 ▶ タイルによる浴室

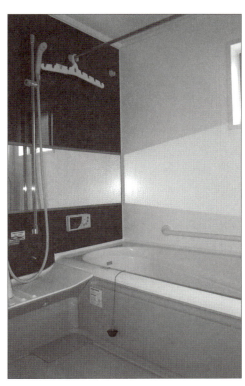

写真29 ▶ ユニットバス

症例 6 >>> 床板が沈む

1 階床は木造住宅の土中水からの劣化を受けやすい場所です。

劣化には水分の影響が強く、床下からの湿気により合板のフローリングが剥離し、根太間（一般に洋間の場合根太は30cm〜36cm位の間隔）のフローリング部分が劣化により沈むケースがよくあります。1階の床下が歩くたびに沈むと住宅全体の劣化が進んでいると思われがちです。しかし、これは繰り返し床が踏まれることによるフローリングの合板（単板が5層程度貼り合せてある）の剥離で、根太と根太の間の合板部分が沈んでしまう現象です（図2）。とくに階段の下り口や玄関などの床として使用頻度が多い所に起きやすくなります。

もちろんこんな場合には、劣化の被害・シロアリ被害の有無も確認して、被害を生じている部分は取替えなければなりません。最近の木造住宅の基礎は外周が布基礎、開口部もサッシュになり、気密化が進められているため、土中水の湿気が建物内に多く浸入することから、床板の劣化の進行がしやすくなっています。

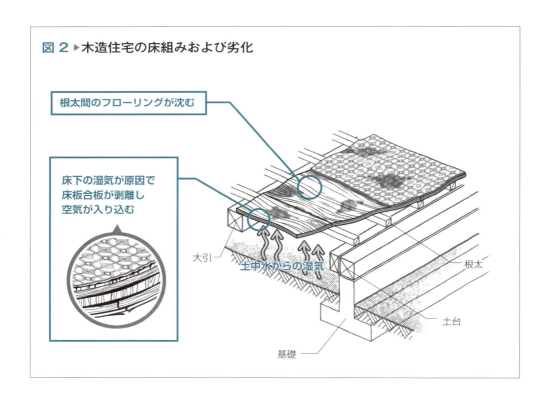

図2 ▶ 木造住宅の床組みおよび劣化

▶ 基本対策 ⋙ 床下の湿度調整

原因は湿気によることが多くあることから、外部と床下の湿度を計ってみることから始めて下さい。床下の換気が悪かったり、床下の湿度が高いと床板の劣化は生じやすくなります。

外部と床下において10%以上の湿度差があるようでしたら、床下部分の改善が必要に思います。

関東ローム層の場合には、地盤としては優れていますが、粘土質のため雨が降った後に湿気が残りやすい地盤です。また、軟弱地盤などで常水位が高く、常に地表近くの土中には水が溜まっているような場所では湿度は高くなります。水位が高ければ湿度も高くなります。このようなケースでは

写真31 ▶ ポリエチレンフィルムの敷き込み
床下にポリエチレンフィルムを敷き込むだけでも効果がある

土中水からの湿気対策が必要になります。

この場合のリフォーム方法として、床下に砂利を敷き（できれば厚いほうが望ましい）、その上にポリエチレンフィルムを（厚さ0.1mm以上）15cm程度重ね合わせるように敷き、コンクリートを約6cm程度打ちます（**写真30**およびP045参照）。そして床では、根太の間に断熱材を入れ、構造用合板を貼り、その上からフローリングを貼るような床の施工が望まれます。

既存の建物の場合は、このような大掛かりなリフォームはなかなかできないため、簡易な方法で行わざるを得ません。その場合、床下にポリエチレンフィルムを敷き込むだけでも効果はあります（**写真31**）。リフォーム後に、湿度計で外部と床下の湿度を測り、改善がみられたかの結果を測って効果の確認をして下さい。床の他の部位が劣化している場合には、床下・根太・大引などの劣化している部分を取替えなければなりません。

写真30 ▶ 防湿工事
砂利敷き後ポリエチレンフィルムを敷き込む

症例 7 >>> 床下の腐朽菌による被害

床下は、普段は見えるところではありませんので、そのため発見が遅れることもしばしばあります。写真32、33は和室の床の劣化の状態ですが、写真32では床板と根太の劣化まで見られます。写真33は畳・荒床（床板）の劣化の様子です。

写真34、35の写真は、廃屋になった木造住宅の床下の写真ではありません。現在も居住している住宅の洗面所の床下の様子です。洗面所の床の仕上げには、300角タイルを貼るなどのリフォームも行っています。しかし、劣化した床下のリフォームは行われていませんでした。

写真34では大引もすでに下がっており、写真35では蟻道も見られます。床はいつ落ちてもおかしくない状態ですが、床上では洗面所として使われ続けていました。

写真32 ▶ 床板と根太にも劣化がみられる

写真33 ▶ 畳・荒床（床板）の劣化
シロアリの被害もみられる

写真34 ▶ 床下や大引きが腐朽菌によって侵され、大引きも下がっている

写真35 ▶ 腐朽だけでなく蟻道も見うけられる

▶基本対策 ≫≫ 土台の耐久性向上と劣化対策

　床下はどうしても湿気が高く劣化の進行が最も早い部位といえます。そのため床下は防湿コンクリート（砂利は厚めに）を打ち、床下換気を行う必要があります。

　木材は湿度が高くなり含水率（木材の水分比率）が35％を超えると、腐朽菌が発生して腐朽を生じます。水分を好むシロアリなどの被害も受けやすくなります。図3のグラフは樹種による耐久年数です。

　最近の布基礎の建物の場合には、基礎強度は高くなったものの、換気性能は低下し、床下に湿度の滞留が生じ、結果腐朽菌の発生を受けやすくなります。木造住宅の耐久性能を高めるためには、いかに水分から木材を守るかがポイントになります。

　図3を参考にすると、木材により耐久年数の違いが分かります。構造部分で最も被害を受けやすいのが、床に一番近い部材(土台)です。

　木造住宅では、この土台が最下部の構造材で、この上に柱を立ててゆきます。ですから土台が腐っていれば取替えなければなりません。そのため、土台は耐久性の高い材料が望まれます。

　また腐朽菌は温度との関係も高く、生育適温によって好低温菌（24℃以下）、好中温菌（24℃～32℃）、好高温菌（32℃以上）に区分されています。建築物腐朽菌は好高温菌に入るものはないようですが、生育可能な温度範囲は0℃～50℃ですから、日本においてはどの腐朽菌も年間を通じて生存が可能です。

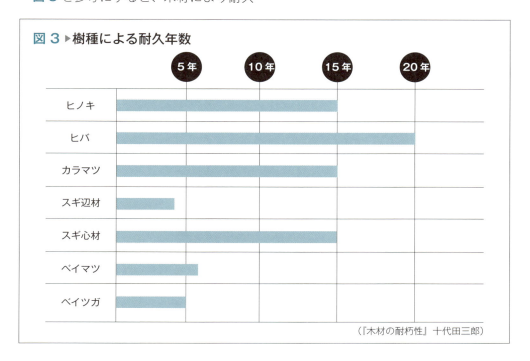

図3 ▶樹種による耐久年数

（『木材の耐朽性』十代田三郎）

症例 8 ›› 浴室の土台の腐朽

土を掘れば数m下部からは水が出てきます。この水分が上に上がってきて住宅内に浸入してくることになります。

床下は布基礎により基礎は強くなったものの換気が悪くなり、またベタ基礎の建物もコンクリートよりは水分の粒子の方が微細なことから、コンクリートだけでは水分の浸入を防ぐことはできないので注意が必要です。

とくに浴室周囲は、生活排水の浸入も加わり劣化の進行を早めます。

写真36は、浴室から漏水した水分により、土台が腐朽してしまっています。**写真37**は、土台の劣化が進行している状態の写真です。これはいつ床が落ちてもおかしくない状態になっています。**写真37**では、蟻害も見られます。ところがこの例では、残念なことにこの状態を直すことなく、壁・床の仕上げ部分のリフォームが行われていました。

写真38では、浴室の外部の漏水跡が見られます。たまたまですが、このように破壊調査をせずとも外観から劣化の想定ができる場合もあります。

写真36 ▶ ≪ 浴室周囲の腐朽した土台

写真38 ▶ ≪ 外部から見た浴室周辺の基礎
基礎に漏水跡が見られる

写真37 ▶ 腐朽だけでなく、蟻道も見られる床下の様子

▶ 基本対策 ≫ 腐朽した土台の取り替えは優先順位を決めて

腐った土台は、基本的に取替えなければなりません。しかし、土台が腐ったからといって、木造住宅の耐用年数が尽きたというわけではありません。土台は取替えることができます。

ただ、取り替えには優先順位があります。とくに土台の中でも外周壁の土台は、屋根からの荷重を受けることから、構造的には最も重要な部材の1つです。ですから優先順位としては、外周壁側の土台から優先して取替えなければなりません。

もちろん、内部の土台の場合でも腐ってしまっていれば取替えの必要があります。内部側は床下から見ることができますが、外周壁側は見ることができません。しかし、外周壁側の剥離調査を行えば、確認することができます。症例では外周壁の足元を切り、土台の取替えを行っています（MLFIX工法 ※）。

※：MLFIX工法とは、一般社団法人耐震研究会で行っている工法です（P068、075参照）。

写真39 ▶ 足元の剥離

写真40 ▶ 土台の取替え

CHAPTER 3
劣化対策

1. 木造住宅の築30年は耐用期限ではなく、リフォームと再生の時期と考える。適切な劣化対策を施すことで、木造住宅の耐用期限は大幅に延ばすことができる。
2. 建物の各部位とも、築年代によって使われている建材の種類・材質が異なり、劣化の進行度合いが違う。材質を調べ、部位ごとの劣化原因を見極めることが劣化対策のスタートになる。
3. 劣化部材は交換が原則。その場合、リフォームの目的に配慮し、より適合した材質を選び、工法を選択することが必要。
4. 耐震性の確保やそのための補強措置と、劣化対策が相反する関係になっている場合がある。バランスを考え、用材の材質・工法を選ぶ。
5. 木造住宅を長持ちさせるポイントは、建物内への水分の浸入と屋内で発生した水分の処理。部位ごとの防水措置と換気対策が肝要。浴室等の水場で使用されているブロック材は、極力早期に撤去・交換が必要。
6. 木造住宅は、修繕しながら使用してゆくもの。新築時からメンテナンスを考えた設計が望まれる。木造住宅の耐用年数は何年かという定義もない。木造住宅の耐用年数は建築主が、何年使用するかを決めてゆくもので専門家はその実務・処方箋を担うべき役割になる。
7. 構造部材の劣化は生物劣化（蟻害、腐朽）の対策を行う。処方箋は劣化しにくい部材と施工方法にある。

CHAPTER 4

耐震補強対策

CHAPTER 4
耐震補強対策
┃概要解説┃

耐震補強の目の付け所

　耐震補強の対象は既存建物を補強することです。しかし、補強するといっても対象となる建物の施工者の技量も分かりませんし、在来工法の場合には施工慣習というものがあります。木工事の加工、建て方、釘、金物等、年代・地域等の違いはあっても在来工法の建物は日本国内における知見の中で培われてきたものといえます。したがって施工慣習を理解することが必要となります。その上で、補強対象の建物の問題点を見て行かなければなりません。

　大地震が起こるたびに、木造住宅の安全性が話題になります。国や自治体もその都度、老朽化した家の耐震補強を呼び掛けています。しかし、なかなか一筋縄ではいきません。何処をどの程度補強すれば良いのか、その見極めが難題です。

　そこで、私たち一般社団法人耐震補強研究会が推奨しているオリジナル工法を紹介しながら、耐震補強のポイントをまとめてみました。

　第1のポイントは、外周壁の足元部分の補強です。いわゆる土台や柱脚部の強度は、木造住宅を地震から守る最も重要なポイントで、この部位の劣化を発見し、補強することが何より大切な作業です。

　第2のポイントは、接合部の点検と補強です。多くの木造住宅が採用している木造軸組工法は、日本の伝統に育まれた大変優れた工法ですが、木材の接合部に弱点があります。これをどのように補強するかを考えます。つまり、柱や筋かいなどの接合部にどのような補強方法、金具の選択が望ましいかの検討をします。

　第3のポイントは、壁の強化とバランス、床などの水平構面の見直しです。地震から家を守るのは壁です。壁がバランス良く配置された家は、それだけでも耐震性の向上に繋がります。また、床などの水平構面も地震などの力の流れを作る大切なポイントになります。

外周壁の足元補強（MLFIX構法）

　この補強方法は、筆者および一般社団法人耐震研究会のオリジナル工法です。まずこの工法から紹介します。

　この補強の目的は次の3点です。
1. 補強工事にあたっては、劣化対策を優先する、という考え方に基づいています。
2. 既存の木造住宅の問題点の多くは外周壁の足元部分（土台・柱脚部周辺）に見られるので、ここを重点的にチェックします。
3. 構造面では、アンカーボルトの配置、柱脚の接合法、筋かいの有無等を確認します。

　表1は木造住宅の柱脚の接合状況を調査した表ですが、平成7年（1995年）以前の木造住宅では、金物が使われていたケースは75例中3件しかありません。既存木造住宅の柱脚接合部の補強の必要性がお分かりいただけると思います。

壁の役割

表1 ▶ 接合部（柱脚・柱頭）接合状況
（一般社団法人耐震研究会調べ）

年代	柱脚部		柱頭部		合計
1950年以前	●短ホゾ差しカスガイ1本留め 短ホゾ差しのみ	2 6	短ホゾ差しのみ	8	8
1951年～1959年	●短ホゾ差しカスガイ1本留め 短ホゾ差しのみ	1 10	短ホゾ差しのみ	11	11
1960年～1981年	●短ホゾ差しカスガイ1本留め 短ホゾ差しのみ	5 38	●短ホゾ差し一部カスガイ1本留め 短ホゾ差しのみ	1 42	43
1982年～1994年	●山形プレート（4-N75） ●短ホゾ差し一部クギ打ち1本留め 短ホゾ差しのみ	1 1 5	●短ホゾ差し一部カスガイ1本留め 短ホゾ差しのみ	1 6	7
1995年以降	●山形プレート（4-N75） ●T型金物 ●短ホゾ差しカスガイ1本留め	1 1 1	●山形プレート（4-N75） ●T型金物 ●短ホゾ差しカスガイ1本留め	1 1 1	3
築年数不明	短ホゾ差しのみ 独立柱	2 1	短ホゾ差しのみ 長ホゾ差しコメ栓	2 1	3
合計(件)		75		75	75

図1 ▶ 木造住宅の足元部分の接合（短ホゾ差し）

図2 ▶ 既存木造在来工法の柱脚の接合法（短ホゾ差し、鎹留め）

　地震力は建物の重量に比例しますから、建物が重くなればなるほど建物に働く地震力は強くなることになります。そのためよくいわれるように、軽い屋根のほうが重い屋根より地震のときには有利といえます。

　木造住宅を建てる際には、地震のことだけを考えるのではなく、住み手が求める住宅の性能をよく検討することが大切です。すべてに万能なものはありません。仮に屋根を軽くしても、地震には有利でも、台風などの強風の場合には、重い屋根のほうが有利になります。屋根が重くても地震に備えるためには、壁を多くすればよいわけです。

　地震に備えるためには、この壁の検討が必要になります。壁を多くする・強くする・バランスよく配置するなどが考えられます。

　壁もいろいろな壁があり、壁の種類により壁の強さも異なります。地震に強い木造住宅にするには、壁の種類・壁の構造・壁の配置を検討することが必要になります。

　壁も築年代により随分変化してきています。伝統工法では小舞壁の土壁、漆喰塗り壁が多く見られます。外壁でも、板を貼った壁・モルタルを塗った壁、最近では湿式工法より乾式工法の壁が多くなり、サイディングなどを利用した壁も多くなっています。

　構造面でも、土壁から筋かいを利用したり、構造用合板などの面材を使用したりして耐久性能を高めるようになってきています。ちなみに、土壁の耐震強度は壁倍率（※）0.5倍98kg／m程度で、二つ割筋かい（壁倍率2.0倍）を入れると392ｋｇ／m程度に強化されます。構造用合板では壁倍率2.5倍で500kg／m程度となります。

※：建築基準法で定められた耐力壁の強さを表す数値で、倍率が大きいほどしっかりした壁を示す。最高は5.0が上限値。

水平構面の補強

水平構面とは、2階の床面や小屋・屋根などの水平面を指します（図3）。これまで木造住宅では、この水平構面の役割に対する認識は薄かったように思われます。新築の場合でも、土台・2階床組・小屋伏せ面にあまり深い考えもなく、単純に火打ち梁（写真1）を入れてきただけといってもよい状態でした。

水平構面の役割は大変重要です。例え話をすれば、箱に蓋が無い場合は、箱は横からの力に対して簡単に歪んでしまいます。しかし箱に蓋をしておけば、今度は簡単に歪みません。木造住宅も基本的にはこの箱と同じです（P083参照）。特に木造2階建ての場合には2階床の役割が重要になります。2階の床の役割は、2階の床面を強くするだけでなく、2階から1階への力の伝達をする役割があります。たとえば、2階の壁と1階の壁がずれている場合でも、2階の床面を力の通り道として、2階の壁から1階の壁へ力を流すことができます。床が強くなればなるほど力を伝える範囲は広くなります。このような役割が床面（水平構面）にあります。残念ながら、既存の木造軸組工法の建物には水平剛性の考え方が薄く、現場の施工でも反映されていないのが実態です。

接合部の補強

木造軸組工法は、4m前後の木材を組み、接合して木造住宅を造ってゆきます。この時に直線的に繋ぐことを継手（つぎて）、角度を持って繋ぐ方法を仕口（しぐち）といいます（図4）。この接合部分は、どうしても強度が低下します。木造住宅の欠点といえます。

この欠点を補うため先人達は、さまざな接合方法を考えてきました。正に芸術的な接合法が数多くあり、日本の木造文化の象徴ともいえるものです。これらの接合方法は母材の強度までは届かず、近年では金物による接合部の補強が行われるようになってきました。金物を留めるのが、釘・木ネジ・ボルトなどで、これを接合具といっています。金物の強度を考える場合、この接合具の強度に置き換えることができます。

梁（横架材）の補強

木造軸組工法では、1間の柱間隔を基本とし、間隔が1間を超える場合には梁を入れます。また上階に柱があり、下階に柱がない場合には、梁を入れなければなりません。

図3 ▶ 木造住宅の水平構面

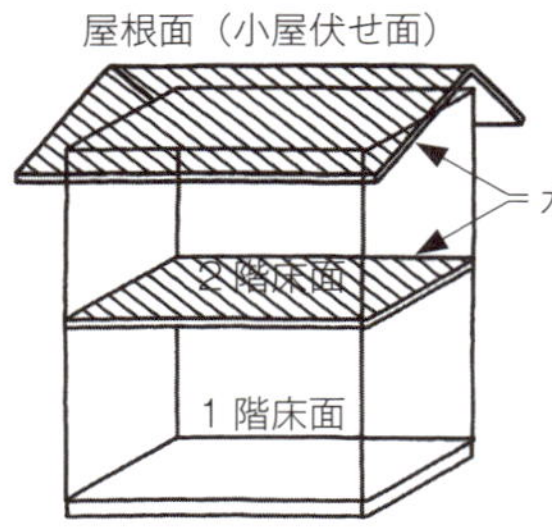

屋根面（小屋伏せ面）
水平構面
2階床面
1階床面

写真1 ▶ 火打ち梁

図4 ▶ 伝統的な継手・仕口

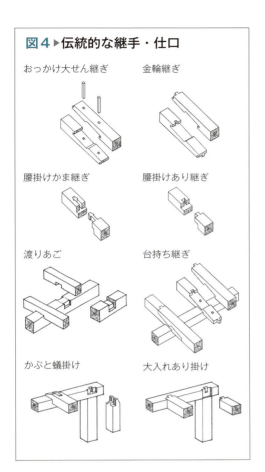

図5 ▶ 梁の補強方法

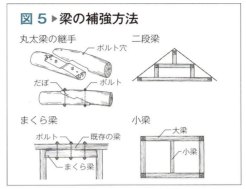

梁には丸太梁と製材された梁、最近では集成梁などもありますが、丸太梁の場合は小屋組みや下屋で使われることが多く、製材した梁は、2階の床組みに多く使用されます。

また、柱から柱へかかる梁を大梁、大梁と大梁にかかる梁を小梁といいます（図5）。

梁の断面が小さい場合、梁がたわみ、2階床が下がる原因になりますから注意が必要です。また、梁の継手部・仕口部などの接合部分も接合方法に十分な配慮が必要です。

梁の強度は樹種によっても異なりますから、部位による樹種や接合方法などにも検討が必要になります。

柱の補強

柱は木造住宅にとって最も重要な部材です。この柱により建物の2階、屋根の荷重を支えます。そして軸組構造では土台の上に柱を1.8m（1間）間隔に建て、柱の上には梁などが載ります。柱の寸法は約10cm程度ですが、既存の建物で平屋建ての場合には10cm以下のものもあります。2階建ての場合には10.5cm程度、3階建ての場合には12cm程度が使われています。雪の多い地方においては、2階建ての建物でも12cmの柱が使われています。

柱の強度は約10cm角程度の断面で、約2.0t程度の強度があります。柱には上の荷重を支える役割があります。そのため地震の時に柱が多い所が強いからと、便所に逃げると良いなどの話も聞きますが、これは間違いです。柱では地震に対応できません。地震力には耐力壁で対応しなければなりません。そのため地震時に備えて、日頃から家の中の耐力壁の多い場所を見つけて置くのが正解です。

木材は軽くて強い材ですが、劣化します。P091の表4は木造住宅に使用されている柱の寸法と樹種・強度をまとめたものです。雨漏りや結露の多い場所にはとくに注意し、劣化している場合には取り替えが必要になります。

症例 1 ≫ 土台・柱脚部の劣化

　木造建物の劣化（腐朽と蟻害）は、地盤に近い部分がまず湿気を受けやすく、劣化の進行が早いようです。（写真2、3）とりわけ、外周壁の劣化は木造住宅の耐久性、耐震性に大きく影響しますので、まず建物の外周壁の劣化の調査を先行させる必要があります。

　日本の気候は湿度が高く、地盤面に近いほど湿気を生じやすいことから、土台や柱は腐れや蟻害を受けやすくなっています。ですから、建物の外周壁の足元部分を重点に調査します。

　外周壁の足元部の壁を切り、剥離します。そして、土台や柱などの劣化の有無や、アンカーボルトの配置を確認してゆきます。同時に、図面上に劣化部分・アンカーボルトの配置・筋かい部分を転記してゆきます。劣化部分は当然取り替えなければなりません。また、土台を接合しているはずのアンカーボルトに、ナットや座金が無いことも多く、アンカーボルトの配置も本来必要となる継手部、耐力壁の部位に無くて、不明瞭な位置にあるケースも多くあります。土台の劣化確認と同時にアンカーボルトの確認が必要です。

写真2 ▶ 基礎の立ち上がりが無く土台が劣化している

写真3 ▶ 玄関外部の下段部の劣化が激しい

▶ 基本対策 ≫≫ 劣化部分の取り替え

写真4 ▶ 土台の柱脚の取替え
土台と柱の下部にはヒバ油を塗布している

ま ずは土台や柱の腐朽やシロアリの被害を受けた部分の取り替えを行います。取り替えの手順は以下の通りです（**図6**）。

取り替えには木材もヒバや桧の芯持材などの耐久性の高い材料を使用することが望ましいといえます。その後、防腐剤を塗布しますが、耐震補強工事は居住しながらのケースが多いことから、使用する薬剤にも注意が必要です。そのため耐震研究会ではヒバ油を塗布します（**写真4**）。

図6 ▶ 劣化部分取り替えの手順

①外周の壁の剥離

②調査事項の確認
- ・劣化部の調査
- ・筋かいの種類と位置および接合法
- ・土台の継手位置の調査
- ・アンカーボルトの有無と位置
- ・座金、ナットの有無
- ・柱脚の接合法
- ・モルタル（サイディング）外壁材の種類
- ・ラス下地、構造用合板等の面材の材種と接合法
- ・柱の位置および柱・間柱の材寸法

③劣化部分の取り替え
- ・土台、柱、間柱等
- ・外壁下地材の貼り替え
- ・金物・接合具（釘・木ねじ）の取り付け

症例 2 ≫ 柱脚部の構造の不具合

　土台を固定しているアンカーボルトは通常、施工慣習に沿って配置されています。一般的には2.7m程の間隔で、基礎コンクリートを打った後に、土工（基礎工事の専門職）が田植え式にアンカーボルトを入れていきます。ところが、木工事は大工の施工範囲になります。これまでどこに土台の継手がくるか、耐力壁がどこなのか、土工の職人との打ち合わせもないまま配置されてきたのが慣習でした。**写真5、6**ではアンカーボルトが見当たりません。

　柱頭・柱脚は枘差しのみまたは鎹（かすがい・旧住宅金融公庫仕様の場合）により接合されています。

　地震がくれば耐力壁の柱には、引き抜きの力が働きます。ですから、耐力壁の強度、配置を計画し、アンカーボルトを設置しなければなりません。当然、筋かいの確認もせずに柱の引き抜きの検討はできません。これらの理解なしに補強工事が行われると、引き抜き強度の不足になりかねないのです。

写真5 ▶ 柱・土台の腐朽により、土台・柱の役割が果たせない

写真6 ▶ アンカーボルトが無く、基礎と土台の一体性が無い

基本対策 >>> 足元補強の方法

アンカーボルトが無い、あるいは不足している場合にはアンカーボルトの補強を行います。その際、既存のアンカーボルトの座金も劣化していたり、小さすぎていたりした場合は、座金(6cm×6cm)も取り替えます。さらに柱脚などの接合を、ML金物を用いて行います。ML金物を使用する理由は、仕口部の接合強度と、その後ブレース（筋かい）の補強、アンカーボルトの補強（ＡＲ金物）なども想定してのことです（写真7）。それ以外にも釘打ちによる既存筋かいがあった場合には、ML金物等で固定しなければなりません。

図7はその施工方法(足元補強)を示しています。

写真7 ▶ 金物を補強した例

図7 ▶ 既存木造建物の足元補強（MLFIX工法）

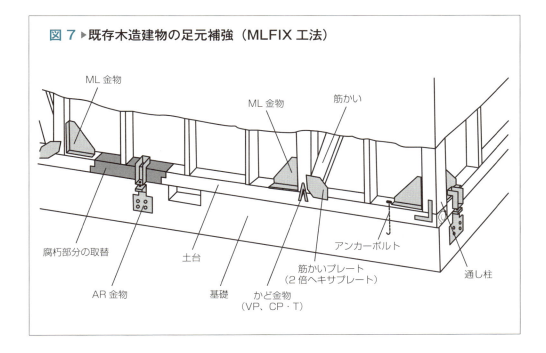

症例 3 >>> 筋かいの被害

　地震の力に対応する筋かいには、圧縮と引張り力が働きます。したがって圧縮力と引張り力に対応できなければなりません。

　圧縮筋かいの場合は、筋かいの厚さ30mm（幅90mm）以上が必要になり、引張り力が加わった場合には筋かいの端部の接合がポイントです。地震の時に壁などにかかる圧縮力・引張り力を受け止め、地震力に対応します。筋かいのような斜め材は高さと横幅の比がおよそ3対1程度です。また筋かいに節などがあれば、**写真8**のように破壊してしまいますので、節の無い材料が必要になります。

　引張り筋かいは、同様に引張り力を受け止めます（厚さ30mm未満は引張り筋かい）。この場合には、筋かいの端部が抜けないようにしなければなりません（**写真9**）。引張り力が加わった時には、筋かい端部の接合強度に依存することになります。

　圧縮筋かいの場合には、筋かいの中央部分をしっかり間柱に固定しなければなりません。引張り力が加わった場合には、端部が釘により割れることの無いように、釘の斜め打ちは避けなければなりません。しかし釘打ちだけでは、筋かいの端部の必要な強度を満足することは難しく、最近では金物が利用されるようになってきています。

写真8 ▶ 節のある筋かい
筋かい破損の原因となりやすい

写真9 ▶ 釘の引き抜け
筋かいの厚さが30mm以上あることから、兼用（圧縮・引張り）も可能だが、端部の接合不足のため引き抜かれてしまった

▶基本対策 ≫≫ 筋かい接合部分はしっかり基準に従って

地震のときには筋かいが大きな役割を担います。筋かいは圧縮筋かいと引張り筋かいに分かれます（**表2**）。

施工にあたっては、平成12年度の告示1460号令第47条で、継手・仕口等の接合方法が規定されています（**図8**）。規定の内容は、筋かい端部・軸組端部の柱と横架材（梁などの横の部材）の連結方法です。その要領は下記に記したとおりですが、筋かいを接合する際の釘や金物などに注意する必要があります。

表2 ▶ 筋かいの種類

サイズ	圧縮材	引張り材	備考
15mm×90mm	×	○	8km／m（壁倍率0.5）
30mm×90mm（三つ割）	○	○	294kg／m（壁倍率1.5）
45mm×90mm（二つ割）	○	○	392kg／m（壁倍率2.0）
90mm×90mm（90角）	○	○	588kg／m（壁倍率3.0）

図8 ▶ 告示1460号の筋かい接合部

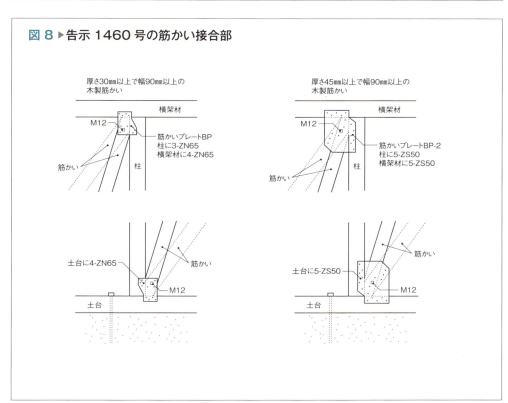

症例 4 ≫ 筋かいの接合

筋かいには圧縮力・引張り力が働きます。筋かいに圧縮の力が加わった時には、筋かいにたわみが生じる危険がありますから、中間部分に釘で接合し、写真10のように筋かいがたわまないようにしなければなりません。

また筋かいに引張り力が働いた場合には、筋かいの端部の釘が引き抜かれてしまうケースが生じます。よくリフォーム時に壁を剥がすと、既存の筋かいの接合が斜め打ちで取り付けられていることがありますが（写真11）、筋かいの端部が割れる原因になることから、好ましい釘の打ち方ではありません。

最近では、筋かいを金物で取り付けられるようになりましたが、金物が普及していない場合には、釘の打ち方で筋かいの強度が変わってしまうことに配慮しなければなりません。

写真 10 ▶ 圧縮筋かいの実験
筋かいの中間部にたわみが生じ、中間部の釘が引き抜けている（N75-2本）

写真 11 ▶ 既存筋かいの端部接合の不具合
筋かい端部の接合。釘の斜め打ちで接合され筋かいに割れも見られる

▶基本対策 ≫ 筋かいはたわみ対策と釘抜け対策が重要

筋かい端部は、柱と横架材に緊結しなければなりません（**図9**）。今までは筋かいの緊結はN75釘5本で行われることが多かったが、金物による接合が望ましい所です（**写真12**）。

筋かいの中間部は間柱にN75釘2本で接合し、筋かいのたわみ対策としますが、実際にはそれだけでは強度不足になります。構造用面材等で抑える必要があります。

写真12 ▶筋かいの端部と金物

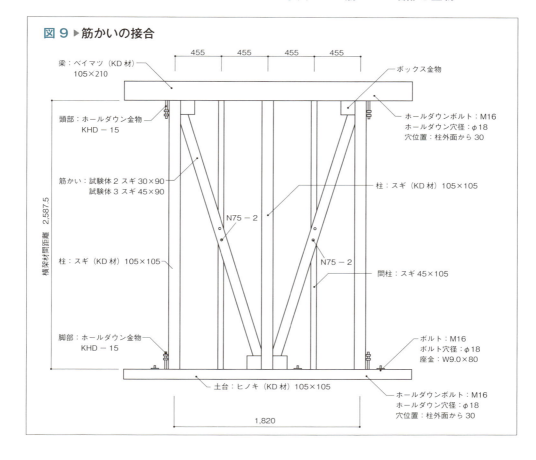

図9 ▶筋かいの接合

症例 5 ▶▶▶ 面材（構造用合板等）の接合における被害

耐力壁に面材（構造用合板等）を使用するケースが最近急速に増えてきていますが、構造用合板に対する認識不足による施工ミスが、最近の新築現場でも見受けられます。それ以上に既存建物での過去の使用例でも、施工にあたっての技術的認識がまだ浅かったための問題点が多く見られます。軸組工法での構造用合板の接合には、N50の釘が使用されなければなりませんが（表3）、釘の選定ミスや接合方法での問題例も多々あります。

受材に焦点を当ててみましょう。構造用合板の正しい受材に対する認識不足から、受材の寸法不足(特に継手部分)または、受材がないという状態まで見つかります。

構造用合板を壁などに貼る場合には受材が不可欠で、壁に貼る場合、面材の継手部分では、受材の幅は45mm以上必要になります（図10）。しかし既存の木造住宅では継手部分を、通常の間柱材（27mm程度）に止めていることが多いのです。幅が27mmでは2枚の面材の継手幅には小さ過ぎ、釘が外れてしまいます（写真13、14）。また、打てても強度の期待が持てません。

表3は、N50の釘の打ち方による実験強度です。

写真14 ▶ 釘の合板からの引抜け（パンチングシア）

写真13 ▶ 受材からはずれた釘

図10 ▶ 面材の継手部の受け材

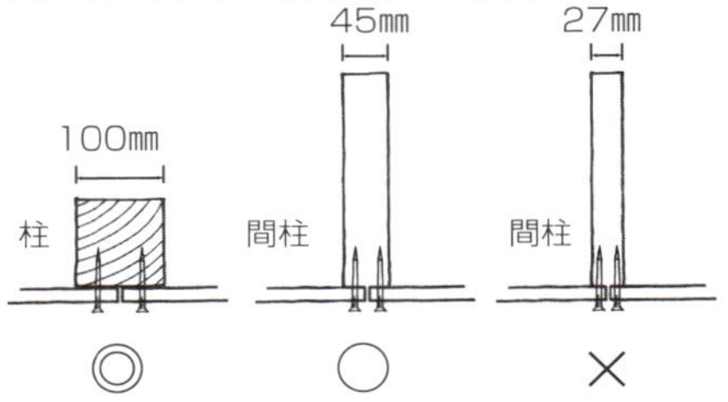

表3 ▶ 面材における釘のめり込みと壁倍率（一般社団法人耐震研究会調べ）

試験体番号	釘種	面材	面材厚(mm)	母材	めり込み量(mm)	釘打ち間隔(mm)	短期基準せん断耐力(kN)	壁倍率
1	N50	針葉樹構造用合板 2級3プライ(ラーチ)	9.0	梁：米松 柱頭：杉 土台：檜	2.5	150	9.30	2.61
2	N50	針葉樹構造用合板 2級3プライ(ラーチ)	9.0	梁：米松 柱頭：杉 土台：檜	5.0	150	6.59	1.85
3	N50	針葉樹構造用合板 2級3プライ(ラーチ)	9.0	梁：米松 柱頭：杉 土台：檜	無し	150	10.14	2.84
4	N50	針葉樹構造用合板 2級3プライ(ラーチ)	9.0	梁：米松 柱頭：杉 土台：檜	無し	150	10.12	2.84
5	N50	針葉樹構造用合板 2級3プライ(ラーチ)	12.0	梁：米松 柱頭：杉 土台：檜	2.5	75	16.10	4.51
6	N50	針葉樹構造用合板 2級3プライ(ラーチ)	9.0	梁：米松 柱頭：杉 土台：檜	5.0	75	6.25	1.75

▶ 基本対策 ≫≫ 壁の補強法（面材による補強）

　耐震補強の原則は壁の補強にあります。壁の補強方法には、筋かい、ブレース（**写真15**）、構造用合板(面材)などによる方法があります。

　現在、木造住宅のリフォームで壁の補強を行う場合は、通常、構造用合板が使われています。この時の面材は、土台から梁・胴差し・桁(横架材)まで張りめぐらさなければなりません。そして構造用合板は縦張りとし、外周はN50の釘を、15cmピッチで打ち、固定します。

　通常、壁の補強を行う時は、外壁側から面材を貼り込みますが、敷地上などの問題から、外壁側からは工事ができない場合もあります。そのような場合には、室内側から壁の補強工事をしなければなりません。室内側から工事を行う場合には、床も天井も剥がさなければ、土台から桁などの横架材に面材を貼ることはできません。居住した状態のままのリフォームでは、天井・床を壊すことができません。そこで天井から床までの既存の壁を利用して補強する方法の開発が必要になります。壁の両側の柱の上下仕口部分を金物（ML金物）等で固定し（**写真16**）、受材を取り付けて構造用合板を貼る方法もあります。この場合には、横架材（土台・胴差し・桁）と柱の金物接合を行い、構造用合板の外周壁の釘接合が重要になります。とくに構造用面材の上下端部の受材は必須といえます。この工法は耐震研究会の独自の工法で、1997年に「川崎型補強」として実験・学会で研究発表も行いました。

　また、釘のめり込みについても注意が必要です。機械釘で釘を打つ場合には、釘頭が合板にめり込んでしまい効果が低下してしまうことが頻繁に起こるので、釘の使用に十分配慮しなければなりません。構造用面材を使用する際の釘の種類と施工方法にも注意しなければなりません（**表3**参照）。

写真15 ▶ 外部からの壁の補強

写真16 ▶ 内部からの壁の補強（1997年川崎型補強として学会に発表）

図11 ▶ 構造用合板の施工

症例 6 >>> 2階床組みの問題

　水平剛性を高めるためには床面と横架材（胴差し・梁・桁）が、直に接合されていなければなりません。そのためには、根太と横架材の高さを揃え、構造用合板を直に貼る必要があります。既存の軸組み工法の建物を見る限り、横架材の上に根太が載り、2階床面（構造用面材）との間に隙間が空き、釘の接合が行われていないケースもしばしば見かけます。

　渡りあご（**写真17**、※1）または横架材の上に直接載っている（**写真18**）場合もあり（転ばし根太、※2）、構造用合板が横架材に釘で接合されていないだけでなく、根太から釘を斜め打ちにしたために、根太までも割れてしまっていることもあります（**写真18**）。また、**写真19**のように火打ち梁は入っているものの、横架材の継手位置に火打ち梁を取り付けているケースもよく見かけます。

　また、その他に吹抜けの位置にも注意が必要になります。

※1：渡りあごは、横架材の上を渡るように根太を取り付ける場合、床板との間に隙間ができる。そのため連続して釘を打つことができない（P071参照）。
※2：転ばし根太とは、横架材の上に載せた根太。

写真17 ▶ 渡りあご
2階フローリング床に多い

写真18 ▶ 転ばし根太
根太を斜め釘打ちしているため割れが発生

写真19 ▶ 継手部に取り付けられた火打ち梁

▶基本対策 ≫ 水平構面の補強

2階床の板は、横架材に直接打ち込み接合します（**図13**）。この場合の釘はN50の釘で15cm間隔に釘を打ち込んでゆきます。もちろん、2×4用のCN50の釘でもよいことになります。

また、吹抜けは極力避けるのが賢明ですが、やむなく吹抜けを設ける場合には東西南北面の一面にだけ寄せて吹抜けを取り付けるようにします。火打ち梁により水平構面を固める場合には、横架材の継手部分は横からの力に弱い状態ですから、この部分に横からの力がかからないように配置することが必要です。しかし意外と、継手部に火打梁がかかっているケースを見かけることがあります。

床面を固める方法としては構造用面材のほかにも、ブレースなどで補強する（**写真20**）ケースもあります。ブレースで補強する場合は、2階床側、または1階の天井を剥がして行います。

図12 ▶ 水平構面の考え方

ティッシュ箱のような場合。真ん中に穴が開いているが水平剛性は保たれている。

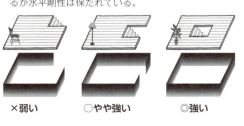

×弱い　○やや強い　◎強い

図13 ▶ 床構面の面材による補強

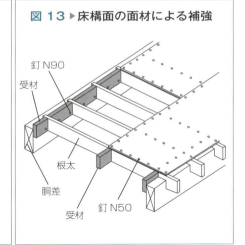

写真20 ▶ ブレースによる補強

2階床より

1階天井より

症例 7 ››› 柱の引き抜け

木造住宅にとって接合部分は構造的な弱点ということがいえます（P070 参照）。

地震の時に木造建物の中で、まず初めに被害を受けるのが接合部です。中でも最も多いケースが柱の引抜けです（**図 14**）。

阪神淡路大震災被害以降、注目が集まるようになりました。

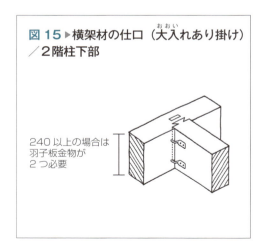

図 14 ▶柱の引抜け（短枘差し）／1 階柱下部

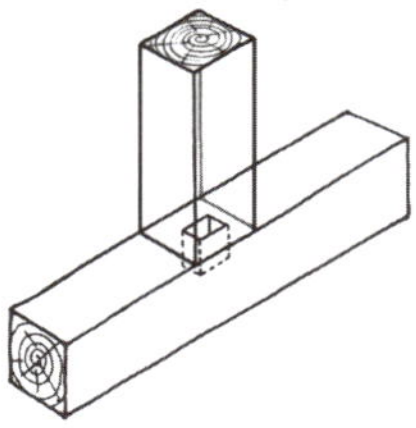

図 15 ▶横架材の仕口（大入れあり掛け）／2 階柱下部

240 以上の場合は
羽子板金物が
2 つ必要

これまでの木造住宅は土壁などの柔らかい壁で構成されていました。また柱を接合する習慣も薄く、平成 12 年頃までの住宅金融公庫の仕様ですら「柱にカスガイで留める」と記されている程度でした。ところが、壁に面材などが使われ強くなると、柱に引き抜け力が生じ、カスガイでは抑えきれなくなります。

既存建物の多くは、この柱が土台の枘に差し込まれています。または、枘差し込み後カスガイ接合程度でした（公庫仕様の場合）。

ですから阪神淡路の地震被害を受けて、柱の引き抜けが生じないような仕様が求められるようになったのです。**写真 21** は、能登半島地震（2007 年）で柱が引き抜かれ、土台が割れてしまった例です。

写真 21 ▶土台端部の破損（能登半島地震にて）

CHAPTER 4 耐震補強対策

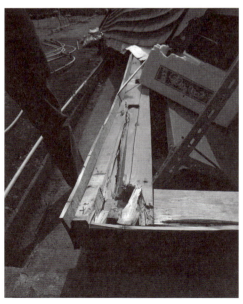

▶基本対策 >>> 柱と梁の仕口の補強

柱が土台の枘に差し込まれただけの状態では、地震力が生じて壁が変形すると、土台から柱が抜けてしまいます。阪神淡路大震災ではこのような被害が多く、その結果木造住宅に大きな被害を与えてしまいました。伝統的工法の場合は、込み栓（柱などの枘が抜けないよう打ち込むくさびがたの木栓）などの方法が行われてきました（図16）。ところが、近年の木造住宅では、込み栓が利用されることはほとんどなくなり、カスガイで留める程度になっていました。そのため、地震の時に柱が抜けてしまったのです。現在では柱と土台を金物（山形金物・写真22）で留める方式が採用されています。

梁や桁などの横架材の場合は、大入れあり掛け加工（図15）、羽子板ボルトが多く使用されます。

写真23、24は新潟県中越沖地震のものです。写真23では横架材が割れ、抜けかかっていますが、写真24では被害を受けていません。金物の役割の効果が見られます。

図16 ▶柱の枘

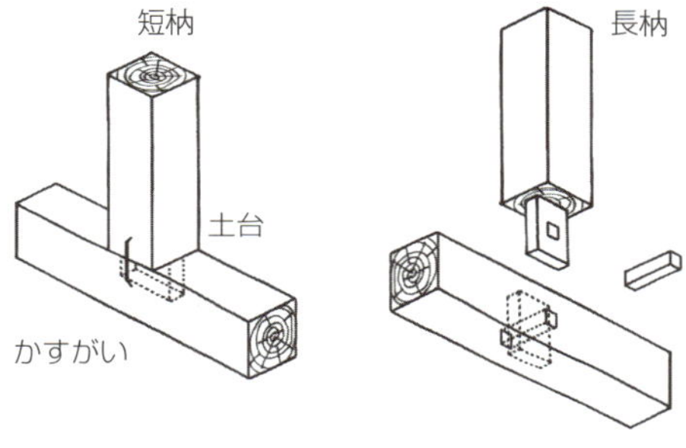

写真22 ▶土柱と土台の接合

写真23 ▶引き抜かれた梁
羽子板ボルトが無い

写真24 ▶梁の仕口
羽子板ボルト使用

症例 8 >>> 横架材の接合部の問題

木造住宅の上部の荷重を支えている部材に梁があります。2階の柱の下に柱が無い場合や、空間が広い場合には、梁を設け上部の荷重を支えなければなりません。日本の住宅の場合には、柱は1.8m間隔を基本として、これより長くなる場合には梁を入れます。そして梁の断面寸法は、その柱の間隔の長さで決めます。梁の断面が小さすぎると、梁はたわんでしまいます。

写真25では羽子板金物は1カ所です。その結果、梁材がねじれ、梁の接合に負担を生じていました。24cm以上の梁の場合には、羽子板金物は2つ必要です。

横架材（梁、胴差し、桁等）の継手部分は、接合方法により強度差がありますが、これは軸組工法の弱点といえます。ですから梁の接合部分にも注意が必要になります。**写真26**では、梁の継手部分にズレが生じ隙間が見られ、金物の補強も行われていません。**写真27**では、羽子板金物のボルト穴の部分から釘留めになっていますが、これではいつ外れてもおかしくありません。

写真25 ▶ 羽子板金物
24cm以上の梁は羽子板2カ所とする

写真26 ▶ 危ない梁の継手

写真27 ▶ 接合部の不備（釘）

▶ 基本対策 ››› 接合部の補強は金物で

筋かいの端部接合に金物が使用されるようになってきました。とくに引張り時の筋かいの端部には、筋かいの補強（30×90の筋かいの場合）1.5倍率金物、（45×90の筋かいの場合）2.0倍率金物などが使用されます。厚さ30mmを超える筋かいの場合は圧縮時にも有効と考えられますが、いずれも筋かいの断面に節などの断面欠損が無い材を選ばなければなりません。もちろん、タスキ掛けの筋かいにおいても筋かいに切り込みを入れてはいけません（図17）。

また筋かいの中央部分では、筋かいの面外破壊を抑えるために間柱にN75釘-2本打ちとされていますが、実際にはこれだけでは弱いことから、筋かいが面外破壊しないような工夫が必要になります（写真28）。

筋かいが面外破壊しないためには、筋かいの上から何らかの材により抑える必要があります。例えば構造用合板などの面材などが好ましいが、その他木摺りなどでも一定の効果はあります。

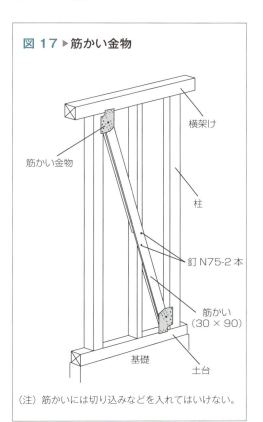

図17 ▶ 筋かい金物

（注）筋かいには切り込みなどを入れてはいけない。

写真28 ▶ 筋かい中央部がN75-2本では簡単に引き抜かれてしまう

症例 9 ▸▸▸ 梁の強度（接合）不良

梁の断面が小さく、たわみが大きくなると梁の中央部分で割れを生じます。これはせん断クラックと呼ばれています（図18）。たわみが大きくなるとクラックはより大きくなります。梁の補強が必要となります。

いくらしっかりした梁を入れても、梁の両端部の接合が悪ければ、どうにもなりません。写真29は梁の端部の脆い接合例です。まず羽子板の接合金物が、上端側にしかなく、接合具も異なり、釘の頭が羽子板金物の穴より小さく、釘の強度不足だけでなく何時外れてもおかしくありません。また梁を板材で受けており、とても梁を受けられる状態ではありません。

写真30は梁の継手部分がきちんとした接合具および接合金物等により接合されていない例です。継手部の近くに火打ち梁があると、火打ち梁が継手部を破壊してしまう恐れがあります。継手部の近くに火打ち梁があってはなりません（図19）。

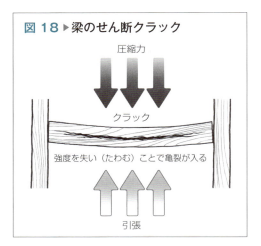

図18 ▸ 梁のせん断クラック

写真29 ▸ 梁の接合不良

写真30 ▸ 火打ち梁（金物）が接合部に取り付けられている

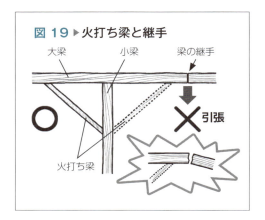

図19 ▸ 火打ち梁と継手

▶ 基本対策 ⋙ 梁の補強方法

　建物の鉛直荷重は柱により支持されますが、2階の柱の下に柱が無い場合は梁を入れなければなりません。梁に問題が生じるのは主に3点あります。

①梁の断面が小さく、たわみを生じる

　梁のたわみが長さに対し1／200以上のたわみを生じた場合には、梁の強度が小さいと判断します。たわみが大きくなると梁の背の中央部分に割れを生じます。この場合には梁の補強をします。

②梁の両端部の接合法

　梁の両端部は羽子板金物等の金物により接合しなければなりません。梁が強くとも、端部の接合が悪ければ梁がはずれる危険があるので、金物等を使用して接合部の補強をします（写真31）。

③梁・継手

　梁の継手部分は弱点部分といえます。ここに負担のかからないようにします。木材を加工し、また金物で接合し補強をします（写真32）。

　梁のたわみ量が多い場合には、下部に柱を入れて補強します。あるいは梁を大きい断面の部材に取替えなければなりませんが、それが難しい場合には梁の下に梁を入れて補強をします。上下の梁が一体になるように、側面から構造用合板、力板などを貼り補強をします。

　また梁の端部の接合に問題がある場合には、金物などにより梁の両端部の補強をします。

　本来は羽子板ボルトなどの接合金物で補強します。梁の大きさが24cm以上の場合には羽子板金物を上下の2カ所で接合します（図20）。

　継手部にある火打ち梁は、火打ち梁の位置を変える、または継手部分の接合を補強金物等で補強します。

写真31 ▶ 小梁の仕口部分の補強

写真32 ▶ 梁の継手の補強

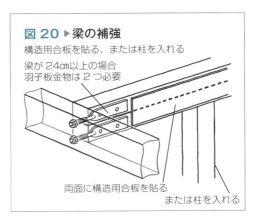

図20 ▶ 梁の補強

構造用合板を貼る、または柱を入れる
梁が24cm以上の場合 羽子板金物は2つ必要
両面に構造用合板を貼る または柱を入れる

症例 10 ≫ 柱の劣化と断面欠損

木造の柱がいくら強いといっても限度があります。鉛直荷重の大きい場所に柱が少ない場合は柱が負けてしまうことがあります。木造住宅の2階建ての場合であっても、柱の間隔が広かったり、1本の柱に荷重が集中している場合には、柱の太さに注意が必要です（図21）。柱に割れが生じたり、たわみを生じることもあります。

柱は腐朽菌やシロアリに侵されていることもあります（写真33、34）。このような場合には、鉛直荷重を抑える力がなくなるので注意が必要です。

樹種によっても強度が異なります。柱の樹種の違いにも注目し、樹種選びは慎重に行うことが大切です。強度だけでなく、建物の耐久性の向上も樹種により異なります。シロアリ被害が少ない樹種もあることを知っておきたいものです。

2階の柱の下、1階に柱がない場合には、1階に柱を入れるか梁の補強をしなければなりません。柱に大きな節および配管で大きな穴を開けてしまった場合（図22）も柱の補強が必要になります。

写真33 ▶柱の劣化

写真34 ▶シロアリ被害を受けた柱

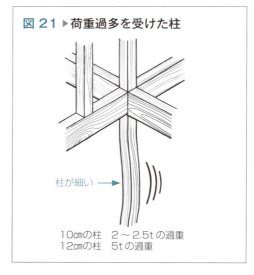

図21 ▶荷重過多を受けた柱

←柱が細い

10cmの柱　2〜2.5tの過重
12cmの柱　5tの過重

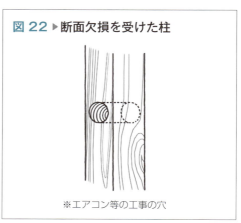

図22 ▶断面欠損を受けた柱

※エアコン等の工事の穴

▶ 基本対策 ≫ 柱の取り替え、部分補修の方法

柱が腐っていたり、シロアリの被害が生じていた場合には、柱の取り替え（部分補修）をしなければなりません。また柱の断面欠損がある場合にも補強、または柱の取り替えが必要です（**写真35**）。確かに、木材は軽くて強い材です。とくに柱は圧縮に強く、大きな荷重を受けることができます。しかし、いくら強いといっても限界はありますので、**表4**を参考に柱の太さを選んで下さい。

一般的には平屋の建物の柱の太さは10cm角程度、2階建ての1階の柱で10.5cm程度、3階建ての場合には、1階の柱は12cm程度ですが、広い空間を持たせる場合には、重さにより柱を太くしなければなりません（**図23**）。また木材の樹種によっても異なりますので注意をしておきたいものです。

本来は柱に加わる荷重によって、柱の断面を決めてゆくものですが、用途によっても積載荷重は変わります。例えば、住宅と事務所などを比べると、多くの人が集まる場所ほど、積載荷重が重くなります。したがって、用途にも（住宅・事務所・倉庫等）十分注意しておかなければなりません。

このように、鉛直荷重に対しては柱を太くすることで対応することが基本ですが、同時に梁・土台などにも注意が必要です。

写真35 ▶ 柱の根継ぎ

表4 ▶ 柱の許容体力（一般社団法人耐震研究会調べ）

材の寸法	長さ(m)	許容耐力		
		針ヒバ 2 桧（70k）	針 3 米栂（65k）	針 4 杉（60k）
90×90	2.7	1575	1462	1350
	2.8	1454	1350	1246
	2.9	1350	1253	1157
	3.0	1288	1196	1104
100×100	2.7	2592	2407	2222
	2.8	2333	2167	2000
	2.9	2121	1970	1818
	3.0	1944	1806	1667
105×105	2.7	3216	2986	2756
	2.8	2968	2756	2544
	2.9	2661	2471	2281
	3.0	2412	2239	2067
120×120	2.7	5305	4926	4547
	2.8	5040	4680	4320
	2.9	4582	4254	3927
	3.0	4383	4070	3757
135×135	2.7	7973	7404	6834
	2.8	7504	6968	6432
	2.9	7087	6581	6075
	3.0	6714	6235	5755

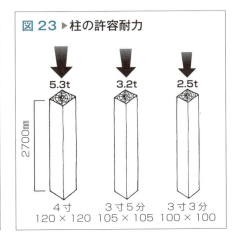

図23 ▶ 柱の許容耐力

CHAPTER 4
耐震補強対策

1. 耐震補強のスタートは、劣化部分の正確な把握から始まる。とりわけ木造住宅の問題個所の多くは、外周壁の足元部分に集中していることが多いので、まずこの部位の調査を先行させる。その際、アンカーボルトのチェックも同時に行う。
2. 劣化個所は基本的に取り換えなければならないが、腐朽やシロアリの食害に強い材質を選ぶ必要がある。金物を使った柱脚などの補強法、アンカーボルトの補強作業など、留意点をしっかりチェックする。
3. 木造軸組工法は４ｍ前後の木材を組み立て、接合してゆく工法であり、接合部は軸組工法の弱点といえる。地震力には筋かいで対応してきたが、最近は構造用合板（面材）が多く使用されている。木造住宅の耐震性能を図る上では、接合部の状態、釘・金物の接合状況を調査する必要がある。
4. 耐震性を図る上では、耐力壁の検討が必要であるが、２階床は上下階の力の伝達上重要な要素である。
5. 第三種地盤の場合には、壁量は1.5倍とされているが、一般的な耐震診断では地盤の要素は反映されていない。しかし地震被害は地盤の影響が大きく、耐震診断における地形、地盤の検討が望まれる。

CHAPTER 5

増築工事をした
建物への対策

CHAPTER 5
増築工事をした建物への対策

概要解説

写真1 ▶ 狭い道路に密集した木造住宅

戦後日本の特殊事情が生んだ「増築」

当初の日本の住宅は「ウサギ小屋」といわれるほど余裕のない住宅空間でした。しかし昭和30～40年代にかけての急激な人口増加や、ベビーブーム世代（団塊の世代）の成長とともに、家族の人数が増え、居住スペースが不足し、増築工事が行われるようになってきました。土地に余裕があれば、1階部分を広げる増築が行われますが、土地に余裕が無い場合には、1階の上に2階を載せる（お神楽と呼ばれています）増築が多く行われました。

現在、リフォームの必要に迫られている木造住宅には、こうした歴史の中で建てられた増築家屋が多数あります。

2階の増築工事（お神楽）

日本の木造住宅は戦後、前にも述べたような激動の時代を通ってきました。特に首都圏の住宅は、道路整備も遅れ、狭い道路に密集して木造住宅が造られてきました（写真1）。お神楽はいわばその象徴といえます。

土地が広ければ横に部屋を広げる増築が可能になりますが、狭い土地における増築はお神楽、つまり平屋のうえに2階を載せる増築しか道がなかったのでしょう。しかしそのような木造住宅の増築が行われても、構造的な補強は行われていないケースがほとんどです。

平面的増築例

敷地に余裕がある場合には、木造住宅も平面的増築が行われますが、平面に広げる増築は問題がないのでしょうか。

郊外や地方では土地にも余裕が出てきます。別棟を建てることも多く行われています。土地に余裕のある増築方法は建物が離れており、構造的には別棟になるので、個別に検討をすることになります。

もちろん、既存の建物に接して増築するケー

スも多くあります。ここでは平面的に横に増築する場合の注意点を考えていきます。とくに注意が必要なのは次の3点です。
①既存建物との接合方法
②平面上のバランス
③雨漏り対策

接合方法は、独立した構造の建物を接続するケースと、同じ柱を共用して増築するケースがあります。このような増築例について検討してみましょう。図1①では、同じ柱を利用しています。図1②は、それぞれ柱を建て、構造的に分離して増築されています。

次に増築部分の接触する壁の長さの問題があります。増築する接合部分の壁が共有されて使われているケース、または半分以上が接続されているケースなど、さまざまな増築例があります。図2①では、既存の外壁面と同じ長さの接合部分があります。図2②では、接合面は1/2程度になっています。図2③では、ごく一部の壁の接合しかありません。実際に増築を行う場合には、③のケースは分離して増築する必要があります。接続して増築するためには、1/2程度の接合壁が必要です。

混構造

混構造とは、異質の構造により建築された建物のことです。住宅の場合、建築の主な構造種別としては、木造・鉄骨・鉄筋コンクリートがあります。これらの構造は、それぞれに長所・短所もあわせ持っており、地震時の揺れ方も異なります。

それぞれ固有振動が異なることから、建築する場合には同一棟は同一の構造により計画、施工することが原則です。

立面的な混構造（1階が鉄筋コンクリート、2・3階が木造などのようなケース）は、条件付きで認められていますが、平面的な混構造は、原則認められていません。

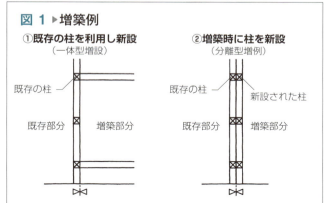

図1 ▶ 増築例
①既存の柱を利用し新設（一体型増設）
②増築時に柱を新設（分離型増例）

図2 ▶ 大規模増築・一部増築・分離型増築
①大規模増築：接合部分が既存の外壁面と同じ長さ
②一部増築：接合部分が既存の外壁面の1/2程度
③分離型増築：接合部分がごく一部しかない（法的に認められない）

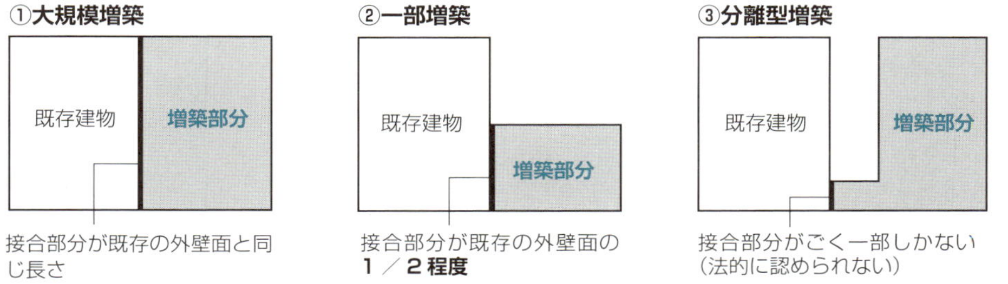

症例 1 ›› お神楽が行われた木造住宅の問題

　平屋に2階を載せれば、建物は重くなります。当然、基礎の補強が必要です。しかし、基礎が補強されたお神楽をほとんど見たことがありません。地震力は建物の重さに比例しますから、2階を増築する場合には1階の壁の補強が必要です。そして、1階と2階の部分をしっかり接合しなければなりません。

　2階の増築（お神楽）の時には、基礎・1階の壁の補強・接合部の補強が必須な条件といえますが、残念ながら、このような補強はほとんど行われずに、お神楽の増築が行われてきたのが実態です。**写真2**は、2階部分を載せ、外壁の四隅に柱を抱かせる程度の補強しか行われていません。

　写真3では、増築した住宅の外壁を剥離したところ、接合部分は金物の接合等の補強がされていません。

　写真4は、補強時に上下階の柱上下にＭＬ金物を取り付け、ボルトで補強し、壁にはブレースを取り付けています。

写真3 ▶ 増築した住宅の外壁を剥離
金物等による補強がされていない

写真2 ▶ お神楽の建物（外観）

写真4 ▶ 増築した住宅の外壁を剥離
ＭＬ金物を取り付け、ボルトで補強している

▶ 基本対策 ››› お神楽の建物の補強

2階部分の増築が多く行われてきたが、増築工事をした木造住宅の補強について考えてみましょう。

お神楽の木造住宅は、とくに基礎の補強、壁や接合部の補強をしっかり行わなければなりません。

基礎は、建築基準法制定以前は、独立基礎でした。制定後の木造住宅の外周は布基礎になり、その後内部の基礎も布基礎と定められました。したがって、お神楽の補強を行う場合は、1階の壁の補強（**写真5**）、増設の接合部、基礎の補強などが必要になります。お神楽の場合には、前頁の**写真2**のように柱を外側に通し柱のように増設していることが多くありますが、これだけでは2階の建物の重さを受けることはできません。1、2階の接合部の補強（**写真6**）と、また2階の床の補強も必要です。

お神楽は、日本の急激な高度経済成長を象徴しているようです。しかし、日本は地震国ですから、決して望ましい増築のあり方ではありません。2階を増築した建物で、補強を行っていない建物は、補強が急務になります。

［対策］
＊基礎の補強
＊1階壁の補強
＊1階・2階の接合部の補強
＊2階床の補強

写真5 ▶ 壁の補強

写真6 ▶ 1、2階の接合部補強

症例 2 ▶▶▶ 平面的増築の被害例

　増築を行う場合には、接合部分に問題を生じることが多くあります。**写真7**では、増築部分の接合不良により、増築部分が倒壊してしまった例です。倒壊はしないものの外壁部分にクラックが入る（**写真8**）場合や、増築部分の接合状況が悪く、増築したことにより建物がよじれ、既存部分と増築部分が切り離されてしまうこともあります（**写真9**）。

　写真7のような場合には偏心の検討が必要になります。**写真10**は、分離型の増築例ですが、接合部分が短いことから、接合部の負担が大きく、雨漏りなどを生じることが多くなります。

写真7 ▶ 増築部の倒壊例

写真9 ▶ バランス不良による被害

写真8 ▶ 増築部の外壁のクラック

写真10 ▶ 増築部分からの雨漏り

▶基本対策 ≫ 増築部分補強のテクニック

　木造住宅の増築を行う場合には、まず基礎を調べて下さい。既存建物が無筋コンクリートの場合には、基礎を抱かせ鉄筋コンクリートの基礎で補強して下さい（**写真11**）。建物のバランスにも配慮する必要があります。P095の**図2②**のようにL型に一部増築するケースは多く、敷地形状・既存建物の平面的制約上やむをえない場合もあります。その場合には、壁配置・接合部分に十分注意して計画・施工を進める必要があります。

　接合方法については、釘接合程度では弱く、金物・ボルト・面材を利用し（**図3**）、接合することが望ましい方法です（**写真12**）。

　増築部分の接合部には、既存建物に増築部分からの異なった力が生じてくることから慎重な検討が望まれます。状況によっては、エキスパンションジョイントを入れるなどの検討も必要になります。

　リフォーム工事の場合には、責任の所在が難しくなります。もちろん直接的には工事を行った業者の責任になりますが、建築主、以前の業者、今回の業者、それぞれが負うべき責任もあり、最終責任の所在が不明確になりがちですので、留意が必要です。

写真11 ▶ 基礎の補強

写真12 ▶ 接合部の補強

図3 ▶ 面材の継手部の受け材

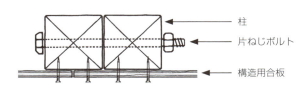

← 柱
← 片ねじボルト
← 構造用合板

増築部分の一体化を図る

症例 3 ›› 混構造の被害例

増築をすることの目的は、住居等のスペースを広げることにあります。増築部分にどのような種類の構造体を選ぶかは、施工上の条件・予算上の問題などから決められていることが多いようです。工場や店舗などの場合は、間口を広く取りたい、柱を無くすなどの使用上の条件が優先されています。しかし、実際の工事を行う際には、構造的な検討をすることなく施工性、予算上などの理由から木造で増築するケースが多く見受けられます。

構造上の検討よりも、使用上の間取り、施工性、予算が優先され、構造上の配慮が後回しになってしまうケースが多いようです。

掲げた写真は、混構造の被害例です。

構造上の観点では、構造が異なる混構造の建物は、各構造体の固有振動が違うことから認められていません。しかし実態はこれまで混構造の住宅は数多く造られてきています。特に平面的な混構造は注意が必要です。同じ軸組の建物であっても、増築した部分だけを見るのではなく、建物全体の施工・建築された年代・壁の偏心などの検討も行わなければなりません。

写真 13 ▶ 平面的な混構造の被害例

写真 14 ▶ 立面的な混構造の被害例

外部の被害状況。1階は鉄筋コンクリート、2、3階は木造の建物で、1階部分と2階以上の部分がずれてしまっている

室内の被害状況

▶ 基本対策 ≫≫ 平面的補強と立面的補強の考え方

混構造の既存の建物の場合には、制約が多く、出来ることも限られてきますが、立面的混構造の場合には、主に異種構造の接合部の剛性を高め、2・3階が木造などの場合には1階部分の構造が強い場合が多いことから、壁量も高め、剛性を近づけなければなりません。もちろん接合部の強度も高めなければなりません。

平面的混構造の場合には、原則として構造体ごとの検討が必要になります。**写真13**のように鉄骨部分と木造軸組構造の建物の場合には、それぞれ木造軸組部分と鉄骨建物を分離し、地震力が加わった場合にも双方が干渉しない程度の距離を取る必要があります。

図4 ▶ 平面的補強・立面的補強

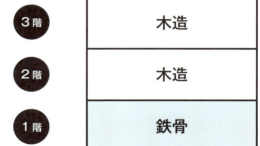

平面的補強法	部位	立面的補強法
分離する補強	基礎	一体化する補強
構造体ごとに分離しエキスパンションを入れる	1階および2階	耐力壁の補強
異種構造の接合部にもエキスパンション設ける	結合部	接合強度を高める
異種構造面を分ける	水平構面	一体化した補強を行う

CHAPTER 5
増築工事をした建物への対策

まとめ

1. 昭和年代に増築された木造住宅は、土地にゆとりのないままに無理を重ねて増築されたものが多く、本来、増築に不可欠な構造的補強の無いケースがほとんどとなっている。
2. とくにお神楽の場合や、混構造の増築については、補強法の検討が急務となっている。混構造は本来認められていないケースも多く、これから出来ることは限られているが、建築された年代・既存建物の施工方法を考慮しつつ、対応を考える。
3. 平面的な増築の場合にも、壁などの全体バランスや既存建物部分との接合部について、慎重な検討が必要になる。
4. 新潟地震の震災調査の時、特に問題とされたのが、高基礎の問題だった。新潟は多雪地域のため、冬季は1階部分が積雪により出入りができなくなるため、木造住宅を造る時に基礎を高く（約2.5 m）し出入り口を確保する住宅が新潟地震の25年程前から多くなっていた。当初基礎であったものが、基礎部分を物置として使用する住宅、その後基礎部を倉庫、車庫に使用し、高基礎の木造2階建てという言葉が生まれてきたようだが、構造的には混構造の3階建て（1階・鉄筋コンクリート、2、3階・木造）になる。
5. 首都圏では半地下木造2階建ての建物が多く造られている。構造上は3階建てであり、きわめて危険な建物である。

CHAPTER 6

外装リフォーム対策

CHAPTER 6
外装リフォーム対策
概要解説

木造住宅は脱皮して成長する

木造住宅は外装リフォームを重ねることで寿命を延ばしていきます。脱皮を繰り返して成長していく生物に似ています。生物には生まれながらにして備えている本能があり、その本能に従って脱皮を繰り返しますが、木造住宅はその住み手が脱皮の方法を考えなくてはなりません。下手に脱皮すると本体を壊してしまいかねません。

木造住宅を包んでいる衣にはどんな特性があるのか、生れた年代でどんな違いがあるのかを、まず知っておく必要があります。次に新しい衣の材質とデザインにどのようなものがあるかの検討が必要になります。しかしどれを採用するかを決めるには、どんな生活をしたいのか、イメージをしっかり持つことから始まります。

木造住宅には衣更えが必要で、その時期があります。さて、衣更えの時期がきた時、どこに着目し、どんな手順で、何を選択して行うべきなのか、考えてみましょう。

外装リフォームを行う目的は主に下記の5点です。

①外装部の劣化を解消するための外装部のリフォーム
②防火性能を高めるための屋根・外壁・間口部のリフォーム
③維持・修繕のための塗り替え
④増改築工事に伴うリフォーム
⑤漏水補修に伴う防水・止水工事

屋根のリフォーム

屋根は外壁と同じように、最も風雨にさらされていることから、劣化が生じやすい場所だといえます。屋根の部材には、古くは茅葺（**写真1**）が多く使われていましたが、葺き替えなどの手入れが大変なため、現在東京周辺では利用されていません。地方に行けば、まだ目にすることはできます。瓦屋根は、現在もよく利用されていますが、同じように見えても陶土（粘土）を焼いた物、陶石を焼いた磁器（**写真2**）、セメント系などがあります。しかし、セメント系の瓦は劣化に弱く、最近ではほとんど使用されていません。

近年は、彩色石綿板の屋根材（**写真3**）が多くなっています。最近はガルバリウム鋼板（**写真4**）による鉄板葺も増えてきています。その他、シングル葺と呼ばれる木材や砂付アスファルトなども使われることがあります。

どの屋根材を使用するにしても、常に風雨・太陽熱などにさらされている部位ですから、劣化をいつも念頭に入れておかなければなりません。もちろん屋根材によって使用方法が異なります。屋根勾配・重量・外観のデザインによっても利用される屋根材は異なりますが、それぞれに長所、短所がありますので、その点を注意して使用しなければなりません。

屋根の種類

写真1 ▶ 茅葺

写真2 ▶ 磁器瓦

写真3 ▶ 彩色石綿板

写真4 ▶ ガルバリウム鋼板

外壁のリフォーム

最近の木造住宅の雨漏りは、屋根からよりも外壁面から多く生じています。したがって、木造住宅の外壁工事を行う時には、雨漏りの有無をまず調べます。

木造住宅の外壁には、板貼り、モルタル塗り、ガルバリウム鋼板、サイディングなどがあります。

昭和30年～40年代に多かったのは板貼りです。それより古い時代の板貼りは、横に下から重ねるように貼ってありますが、昭和30年代から40年代の板貼りは竪羽目の板貼りが多く、今でも多く残っています（写真5）。この板貼りの外壁は、耐震性・断熱性・防火性能が問題になります。

その後になると、モルタルによる外壁の建物（写真6）が主流になってきます。モルタル外壁は、防火性能は高いのですが、湿式工法上の問題点があります。それはひび割れが起きやすいというところです。そのため、モルタル壁にクラックが目立つ木造住宅も多くあります。クラックの入り方には縦に横にクラックが入る・亀の子状にクラックが入る・斜めのクラックが目立つなど、パターンが異なります。

クラックが起きる原因には、下地のラス（金網）が錆びてモルタルが浮いてしまう等の問題

写真5 ▶ 外壁板貼りの住宅

写真6 ▶ 外壁モルタル塗りの住宅

もあります。耐震面では昭和56年以前に建築されている場合は、屋根、外壁の別を問わず耐震性には乏しく強度補強の必要があります。

開口部のリフォーム

ここでは木造住宅の外壁面における開口部のリフォームについて考えていきます。

木造住宅の開口部は出入りするための開口部と、明かりや風や換気を目的とした開口部、つまり窓とに分けられます。天井面に付けたトップライト（天窓）も開口部の1つです。

材質面では、木製・スチール・アルミサッシュが代表的なものですが、木造住宅に限っていえば、木製建具とアルミサッシュでしょう。昭和30年頃までは木製建具が主体でしたが、昭和30年の後半頃から、とくに首都圏では、外部の建具は耐水性・防火上の問題もあり、アルミサッシュになってきています。

開口部の種類では、出入口は引違いとドアタイプに分けられますが、窓になるともう少し種類が増えてきます（表1）。引違い・開き・上げ下げ・ガラリ・辷り出し・内倒し・縦辷りなどが代表的ですが、採光を取るトップライト（主に屋根に取り付ける）も、当初はFIXタイプでしたが、最近は各種開口様式のトップライトがあります。

開口部の性能別では、気密タイプと気密には乏しいタイプに分けられます。気密型の代表例としてはドアタイプ、気密の小さいタイプとしては引違いがあげられます。

開口部の役割も多様化してきており、防火上の問題、最近では防犯上の問題も考えなければならない時代に入ってきています。

表1 ▶ 開口部の種類

窓のタイプ	種類
開口タイプ	引違い・開き・上げ下げ・縦辷り／トップライト（屋根用）
採光タイプ	FIX・上げ下げ・縦辷り、引違い／トップライト（屋根用）
気密タイプ	辷り出し・内倒し・FIX、ドア
換気	ルーバー

外装被せ工法の注意点

最近、既存の屋根の上から屋根材を張る、既存の外壁の上から外壁材を貼るなど、外装材をそのまま貼る外装リフォームを見かけることがあります。

確かに屋根や外壁を剥がすこと無く工事が行えることから、居住者への生活上の負担は少なく、また工事金額も少なく抑えることができるなど、考え方としては長所の1つといえるかもしれません。

しかしその前提としては、既存の屋根・外壁の劣化の処理をどのようにしたのか、確認が必要です。屋根、外壁の表面は見えるわけですから、外装を補修する場合も比較的施工しやすいので、そこを補修してから被せるのでは被せる意味も無くなってくるので、既存の処理に問題が残してしまうことになります。十分な注意が望まれるわけです（P110 図1 参照）。

問題は屋根、外壁の下地にあります。下地に劣化などの調査が行われた上での工事であったのか、外観的には判断することができません（写真7）。屋根、外壁の修繕は足場が必要になる大規模な工事になります。したがって建物の耐久性は重要になります。工事を行う前に劣化状況、耐震性などの建物の調査を行うことが望まれます。

次に被せた場合の建物の耐震性についてです。被せ工法の場合には、被せた材料の荷重分重くなり、耐震上はマイナスに働きます。この点を考慮して調査を行うことが望まれます。劣化部の補修、増加した荷重分の壁量を増やす必要があるのかの検討も重要です。もちろん被せた部分が剥離しないよう接合方法にも要注意です。

写真7 ▶ 外壁モルタルの上にサイディングを被せた建物の被害

症例 1 ›› 屋根下地の劣化

　外装のリフォームに際しては、まず屋根の材料の長所、短所をよく把握してから計画を進めなければなりません。特に屋根の荷重と勾配については留意する必要があります。

　屋根勾配の問題では、屋根材により勾配が異なり、間違って使用すると雨漏りの原因にもなります。屋根を軽い屋根から重い屋根にする場合には、建物の荷重に注意しなければなりません（**表2**）。

　重い屋根材を使用すると壁量が不足し、耐震性に問題を生じることがあります。また重い屋根を軽い屋根に替える場合には、風圧の問題が生じます。瓦屋根から軽い屋根にしているケースも多いが、屋根の変更は地震のことだけを検討するのではなく、風圧・断熱性能・遮音・耐久性の検討なども必要になります（**写真8、9**）。

　最近よく使われているガルバリウムは、軽く、これまで使われてきた鉄板屋根と違って、耐久性能も向上しているので、十分検討に値する素材です。

　屋根材の葺き替えをする時には、下地の野地板を調査します。劣化がある場合には野地板の貼り替えを、まず検討しておかなければなりません（**写真10、11**）。さらに断熱材、換気などにもチェックが必要です（P043参照）。

写真8 ▶ コロニアルの劣化

写真9 ▶ 瓦の地震被害（鳥取県西部地震で）

写真10 ▶ 劣化した野地板の調査

写真11 ▶ 野地板の劣化（天井より）

▶基本対策 ≫≫ 屋根の劣化対策

　木造住宅の長寿化を図るためには、屋根のリフォームを欠かすことはできません。ですから、よく屋根材の長所、短所を理解したうえで、リフォームに取りかかることが大切です。また屋根の葺き替えの前には、野地板等の下地調査を忘れてはいけません。

　屋根のリフォームに当っては、
* 劣化状態
* 雨漏り
* 耐震性
* 断熱性
* 遮音性
* 風圧力——とくに軒先の出、垂木（野地板の下地材）の接合状態

などの問題について検討が必要ですが、それぞれの目的に沿った屋根材の選択が望まれます。それぞれの屋根材の長所・短所と、リフォーム後にどのような問題が生じる可能性があるかをまず検討しておきましょう。

　最近は軽い屋根であっても耐久性の高い屋根材もあります。葺き替えと同時に、屋根材の下に断熱・遮音材などを入れて、断熱性能を上げることもできます。軽い屋根の場合には台風時に風で吹き上げられないように屋根材の下地（垂木）の接合補強が必要です。地震力に対しては、壁の補強が考えられます。

　こう考えると、ひとくくりにどの屋根材が有利か不利かということはいえません。表2を1つの目安と考えることで、少しでもマイナス面を補うよう計画を練ってください。

表2 ▶ 重い屋根、軽い屋根

	重い屋根 （瓦屋根）	軽い屋根 （ガルバリウム）（彩色石綿板）
地震	不利	**有利**
台風	**有利**	不利
耐久性	**有利**	不利
断熱性	**有利**	不利
遮音性	**有利**	不利
屋根勾配	不利	**有利**
結露	**有利**	不利

症例 2 ≫ クラックの著しいモルタル壁

モルタル壁のクラックにもいろいろあります。同じ築年の建物でも建物ごとにクラックの入り方は異なったりします。原因を考えてみましょう。

柱の近くに縦に入っているクラックは、柱の接合部が弱いため震動により柱が動くことが原因で入るクラックです（写真12）。縦、横に入ったクラックは増築の接合部分（下地の継手）に生じやすく、とくに横のクラックは2階を増築している建物に多く生じます（写真13）。斜めのクラックは、壁が少ない場合などに起こりやすいクラックです。とくに斜めに入ったものは、耐震性に問題がある建物の目安と考えられます。

亀の子状のクラックは、モルタルの調合の問題、ラス網の劣化などにより生じるクラックといえます（写真14）。

このように、クラックの入り方も多様です。外壁のモルタルにクラックが入ることは望ましいことではありません。このような症状は雨漏りの原因にもなり、劣化の現れといえます。

最近、既存のモルタル壁の上からサイディングを貼るケースを見かけます（図1）。クラックが入っている外壁の上に、下地の状態も確認せずサイディングを貼ることは、建物の耐久性・耐震性を向上させるリフォームの絶好の機会を失うことになります。まず、現状を調査することが肝要です。

写真12 ▶ 縦に入ったクラック

写真13 ▶ 縦横に入ったクラック

写真14 ▶ 下地の影響で生じたクラック

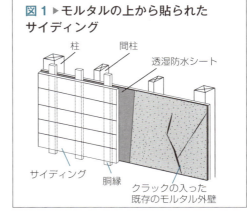

図1 ▶ モルタルの上から貼られたサイディング

▶ 基本対策 »» モルタル壁の撤去後の外装張り替えも検討

外装のリフォームは、建物のデザインを大きく変えるチャンスでもあります。既存の状態に近い外装リフォームも可能ですが、この機会にモルタルまたは板貼りの外壁を撤去して、筋かいの補強、構造用合板により耐震性を高め、サイディング貼りにより防火性能を高めることも方法の1つです。予算の問題もあるが、この機会に、既存の木製建具の交換や、古いアルミサッシュからペアガラスを入れたアルミサッシュへの取り替えも考えられます。全く違った建物、新築の建物に近いデザインにリフォームすることも十分可能です。写真15は外壁モルタルの建物をリフォームした例です。

築年数が30年～40年も経てば、外壁は劣化しますので、リフォーム時には劣化の確認が必要になります。その場合、劣化した旧外壁をそのままに、上から貼り込むような工法だけは避けたいものです。このような機会に、耐震性能の向上・断熱・防火性能などに注意して対策を考えて下さい。

写真15 ▶ 外壁モルタルの住宅をリフォームした例

施工前

施工前

症例 3 ≫ 羽目板の劣化

板貼りの外壁の木造住宅も、築40年〜50年の建物では多く見受けられます（**写真16**）。数は減ってきているものの、まだまだ残っています。板貼外壁は換気性に優れており、構造軸組みの劣化が生じにくい、建物が軽い、一部に劣化が生じても部分取り替えが可能などの長所があります。短所としては、防火・断熱・耐震性能に乏しいことが挙げられます。木部が露出しているのですから防火性能は望めませんし、構造体ではない羽目板には耐震性能が期待できず、筋かいの性能に依存することになります。

昭和56年以前の建物では、筋かいの接合（**写真17**）や筋かいの量に問題があることから、耐震性に乏しく、耐震補強が必要になります。台風の時にも揺れやすい建物といえます。建物が軽いことから基礎や地盤に与える影響は小さいが、外壁に板貼りが使用されていた昭和30年〜50年頃の建物には金物もほとんど使用されていません。そのため土台と柱および筋かいの接合が弱く（枘差しまたは鎹留め）、地震や台風に対しては壁量が不足し、水平耐力には問題のある建物が多いと思われます。また、雨水などの水分により劣化が生じやすく、築30年程経過した場合には、一部劣化しているケースがあります（**写真18、19**）。

写真16 ▶ 風圧に弱く揺れる建物が目立つ

写真17 ▶ 筋かい部分の釘接合

写真18 ▶ 地盤が高くなり土台が埋まっている

写真19 ▶ 庇部の劣化

▶基本対策 ≫ 劣化対策に注意

外装リフォームの問題点としては、大きく3点が指摘できます。

第1は劣化の問題、第2に防火上の問題です。外壁羽目板の建物にはとくに注意が必要です。第3点目には耐震性能の不足です。

劣化の問題では、表面上の劣化と、雨漏り、壁内結露、蟻害などにより生じる劣化があります。表面上の問題は、劣化している部分を部分的に取り替えるか、外装の取替えをするなどにより対処します。防火上の問題では外層面を防火性能の高いものに貼り替えることが望ましいでしょう。被せ工法と称して、既存のモルタルの上から新しい外壁材を貼ってゆくような工法もあるが、劣化に対する配慮、また接合強度等に問題を生じたりするので、好ましいリフォームとはいえません。

耐震性能の向上のためには壁や接合部を強くしなければならないので、筋かいや構造用合板により耐力壁を作る、外壁を貼り替えるなどの方法があります。既存の外壁を撤去し、壁内に断熱材を入れ、外壁側に構造用合板を貼り、通気層を設け、サイディング等を貼る方法が多く行われています（写真20、図2）。

このような方法を採れば、断熱工事、外周壁の接合部の補強、壁の増設、既存の壁の耐震補強、結露、雨漏り対策、そして防火性能の向上などが同時に行えます。

多少費用はかかりますが、30〜40年以上の経年の建物では、原則はこのようなリフォームが、木造住宅の寿命を延ばすために必要です。

写真20 ▶ サイディングを貼り替えたリフォーム後の建物

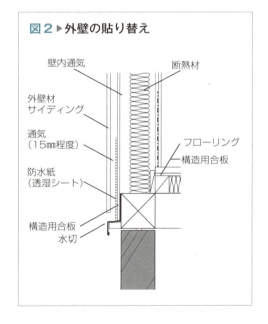

図2 ▶ 外壁の貼り替え

症例 4 ≫ アルミサッシュの問題点

　最近の外部建具は、防火上の問題、価格などが影響してアルミサッシュが主流になっています。

　しかし、防火という点から見た場合、アルミサッシュであれば安心とはいい切れません。アルミの厚み、ガラスの種類などが重要です。とくに防火面では、ガラスの種類が大切で、割れて落ちないように網入ガラスが防火上の条件とされています。ただ、網入りは太陽の直射で熱割れする可能性も考えておかなければいけません（**写真21**）。

　アルミなどの金属製の建具の場合には気密化が進む反面、結露が生じやすく（**写真22**）、ひどくなると、劣化、カビの発生などの問題が生じます。最近は結露対策として樹脂サッシュなどもあります。湿度や換気対策と併せての検討が大切です（**表3**）。

　現在は色々なタイプのアルミサッシュがあります。従って、必要とする機能を検討し、アルミサッシュのタイプを選ぶことが出来るようになりました。

　また、首都圏の敷地の狭い場所で生じやすいのが、窓を取り付けた正面に隣家の窓があり、せっかくの窓を開けることができない、などのケースもあります。

　建物の機密性、断熱性が高くなると結露も起きやすくなります。ルーバーサッシュを寝室につけたが、外の音がうるさいといった問題が生じることもあります。アルミサッシュの機能をよく注意しないと失敗することになりかねません。

　最近では、防犯上の戸締りにも注意が必要な時代になっています。

表3 ▶ アルミサッシュの問題点

機能上の配慮	ガラスの種類
防火上　機密性　防犯 採光　メンテナンス 換気　結露	単体ガラス（透明・型板ガラス） 網入りガラス　ペアガラス 複層ガラス　強化ガラス

写真21 ▶ 網入ガラスは防火性能は高いが、太陽熱などによる熱割れもある

写真22 ▶ とくにFIXの開口部には結露対策が必要

▶ 基本対策 ≫ 開口部対策は耐震性能とのバランスを考慮

開口部の対策で最も重要なことは、防火と採光、換気、結露などです。開口部は木造住宅にとって欠かすことのできないものですが、明るさを意識するあまり大きな開口部を取って壁が少なくなり、耐震性能の低い建物になっても困ります。必ず壁とのバランスを考えながら、開口部の配置を決めていくことが肝要です。

日本の木造住宅は、開口重視型のように思います。日本は湿度が高い国であり、窓を大きく開けることが重要と考えられてきました。しかし、開口部の役割は決してそれだけではありません。開口部には多くの機能が期待できます。

有効な開口部を選択することで、木造住宅としての目的、安全が担保されていきます。開口部の取り方で住宅の機能・デザインも大きく変わるものです。

表4 ▶ 開口部の考え方

開口部の目的
採光・換気・防火性能・排煙
防火・耐震性に配慮
サッシ枠 ガラスの種類 開口部の大きさ配置
機能性
開口部の形式（排煙・採光・換気） メンテナンス（形式・開口部の配置・窓の開放方法） 結露対策（ガラスの種類・樹脂サッシ） 気密性（アルミサッシの形式・二重サッシ）

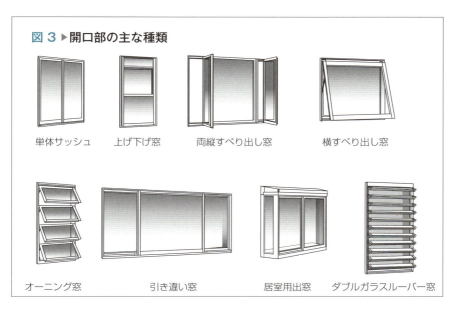

図3 ▶ 開口部の主な種類

単体サッシ　上げ下げ窓　両縦すべり出し窓　横すべり出し窓

オーニング窓　引き違い窓　居室用出窓　ダブルガラスルーバー窓

CHAPTER 6
外装リフォーム対策

まとめ

1. 建物の外装は、外界からのさまざまな刺激やその変化に最も影響を受けやすく、劣化を生じやすい。そのため、まず定期的な観察により、劣化のレベル・速度について把握し、十分な調査が必須となる。
2. 外装は屋根と外壁に大別できるが、外壁等の開口部については別個の問題も生じるので、それぞれの観察ポイントを確認しておく。また、リフォーム時は通常では観察できない下地部分の状態を確認するチャンスとなる。下地部分の劣化等も併せて対応することを計画しておく。
3. 築年代により、使われている建材の材質、施工方法が変わってきており、現状の調査、特に雨漏りの有無、劣化状況に留意する。また断熱、防火に対する配慮も必要である。
4. 既存屋根、外壁からのかぶせ工法には十分注意が必要である。まず下地の劣化状況、耐震性などの構造上の調査が望まれる。またかぶせ荷重の重量分、地震力も大きくなる点にも配慮が必要であり、リフォーム後の耐震性能の検討が必要条件である。

CHAPTER **7**

内装リフォーム対策

CHAPTER 7
内装リフォーム対策

概要解説

間取りの変更

昭和30年～40年代以前の建物を例にとると、家相・客間を優先する考え方が強く残っていて、間取りを決めるための制約が厳しかったことがうかがえます。台所・トイレは北側の日の当たらぬ場所に配置され、家庭内の家族関係にも男尊女卑の影が濃く残っていました。トイレは汲み取り、冷蔵庫の普及もままならない時代においては、他にもいろいろ住みにくい住宅事情もあったのでしょう。家族構成も3世代同居の家庭も多く、住宅の動線を考えるにも、どの世代を中心に考えるべきかが問題になります。一般的に南面の日当たりのよい場所には年長者の部屋、また客間が配置される習慣がありました。その結果、台所は日当たりの悪い場所に配置されたようです。以前はこのような理由から、住宅に対する考え方が現代とは基本的に違っていました。

住宅も建ててから30年、40年が経過し、世代交代も行われるようになると、社会環境も変わります。住宅の設備も水洗化をはじめ、冷蔵庫などの電気製品の進化など、家の中の風景も変わってきました。当然、住宅に対する考え方も大きく変化してきました。既存の建物のプランが、家族構成、社会変化に順応できていない家庭が多くなってきています。

例えば、本来家族が一番多く過ごすDK・リビングが、昔のまま北側の日の当たらない場所に残され、日当たりのよい南側は、誰も太陽の恩恵を受けることなく昼間利用されていない住宅も多くあります。最近のリフォームする際の考え方は、住宅の1日の活用率を考慮し、主婦の動きを中心に考えます。主婦動線を考えたプランづくりが、いまは住宅設計の基本となっています。

リフォームとインテリア

昭和30年代頃より、一般家庭の持家が多くなってきました。この頃は住宅を持つこと、そして居住面積をできるだけ広げることに生活設計が向けられ、デザインや性能の問題に取り組むまでの経済的な余裕は無かったといえます。

筆者は団塊の世代で、建築業界に入って45年になります。この業界に入ったのは昭和44年と記憶しています。もちろんその頃もデザインに対する意識は各々の設計者にはありました。しかし住宅のリフォームにおいてもデザインの意識を持っていたかというと、余りなかったといえます。

当時の住宅業界では、新築着工戸数に目標が定められており、まだまだリフォームには目が向けられてはいなかったのです。ハウスメーカーの動きも昭和50年代に入ってから活発になったと記憶しています。

リフォームにおいてデザインの意識が目立ってきたのは新築からは遅れて、昭和60年代から平成に年代が変わる頃からといってよいでしょう。まだまだ売上げ至上主義で新築住

宅中心に目が向けられ、リフォームにはあまり目を向けられていませんでした。

リフォーム市場が成立するには既存住宅の充実が無ければなりません。昭和50年代の後半、高度経済成長時代の新築ブームが必要条件だったといえます。平均的な日本人の暮らしに経済的な余裕も生まれ、リフォームにも目が向けられるようになってきたのです。インテリア、性能面においても、考えるゆとりが生まれてきたことから、リフォームの質も変わってきました。

一方で、この頃のリフォームには構造的な配慮がないものが目立ちます。明るくするためにとわざわざ吹抜けにし、壁を取り、開口部を広げ、さらには部屋を広げるために構造的な間仕切壁を撤去、柱を抜くなど、専門家からみても危ういものもあります。構造上の補強よりも、むしろ建物の構造を壊すようなリフォームも数多く見受けられます。

内装材の変遷

最近、内装材も多様化してきております。50年ほど前の日本の木造住宅は、湿式工法でした。その後、木造住宅は乾式工法へと変化してきましたが、最近はまた湿式工法も増えてきています。昭和30年代後半までは、土壁・板貼りが木造住宅の主流でした。昭和39年の東京オリンピックの頃を契機に、高度経済成長の波が日本各地に広がってゆきました。その流れは木造住宅の工法にも反映し、屋根材・外装材・設備・そして内装材にも多くの種類の建築材料が作られました。この頃より日本の住宅にも和室中心の間取りから洋風の間取りが入り込んできました。

住宅の洋風化は、それまでの日本の住宅の内装材に影響を与えることになり、多くの内装材が各メーカーより開発され市場に流出してきました。各メーカーの新しい建材がカタログ上を賑わすようになりました。

その変化は急激で、設計事務所・建築業者は、新しい内装建材の知識を消化するだけでも容易ではなかったと思います。

最近は、調湿効果をうたい文句にして珪藻土、漆喰など湿式工法が復活してきました。また湿気対策など、室内環境上、無垢の木材も木造住宅の内装材に利用されるようになってきました。

表1 ▶ 最近の内装の変化

	昭和30年～	昭和40年～	昭和50年～	昭和60年～	平成10年～	平成20年～
天井	和の天井	和の天井	和の天井 洋の天井材	洋の天井 PB＋クロス	洋の天井 PB＋クロス	洋の天井 PB＋クロス 材料に変化がみられる
壁	湿式工法 塗り壁	湿式工法 塗り壁	乾式工法への 変化大 （化粧合板）	乾式工法 PB・下地 （クロス）	乾式工法 PB（クロス）	乾式工法 PB（クロス） 湿式工法（ケイソウ土等） 無垢材
床	縁甲板 無垢材 たたみ	たたみ 縁甲板 フローリング （無垢材）	たたみ （フローリング）	たたみ（減少） （フローリング）	たたみ（減少大） フローリング	たたみ（減少大） 無垢材が増加
間取り	和	和洋	和洋	洋和	洋（和減少）	洋（和減少）

症例 1 ≫ 日照に問題ある北側の DK

　写真1は、ダイニングキッチン・リビングとして利用されてきた場所です。北側の日の当たらない位置に配置されていました。玄関が南側にあり、南側からの日当たりを妨げております。また、廊下により客室が区分され、全般的に室内の採光は良くありません（写真2）。

　外部から撮った南面の写真3をみても、日当たり・採光などが考えられていないことがわかります。トイレも階段の裏側に設けられ、段差もあり、バリアフリーの意識は見られません（図1）。

写真1 ▶ 北側に配置されたDKには日照が無く、昼間から電気が必要

写真3 ▶ 外部から撮った玄関のある南面

写真2 ▶ 玄関から廊下を見る

図1 ▶ 旧平面図

▶ 基本対策 >>> DK・居間を中心に間取りの変更

主婦動線を重要視するとともに、DK・居間を日当たりのよい南側に配置します（図2）。主婦が最も家事に携わる時間の長い場所、子供（小学生）が学校から帰ってきた後も居間に居ることが一番多いことから、食堂と居間をワンルーム化（約20畳）し、家族のスキンシップを重視するようにしました。また、バリアフリー化を心掛け、浴室（ユニットバス）、便所の出入口はフラットとし、建具も引戸を採用しました。寝室は2階に配置してあります。

以上のプランを実現するために、玄関を北側に移す・廊下を無くすなど、大幅な間取り変更が必要で、既存の柱の撤去も20本以上になりました。梁の補強だけでなく、構造全体の見直しが必要でした。

柱を撤去、移設することによる鉛直荷重の補強、また壁の配置が変わることによる、耐震性の見直しも必要になりました。

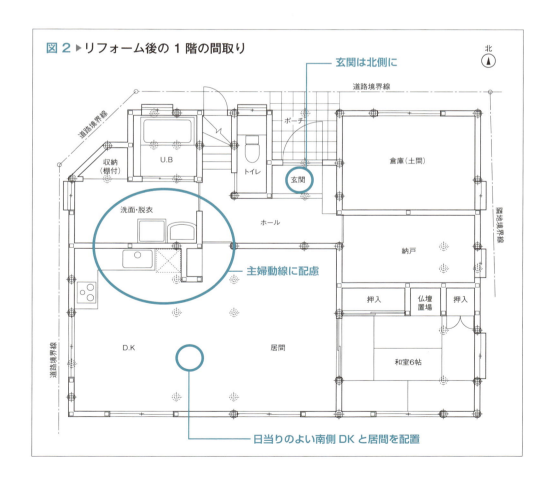

図2 ▶ リフォーム後の1階の間取り

症例 2 >>> 問題のあるリフォームの優先順位

木造住宅のリフォームの質が変わってきたのは、昭和50年代から60年の始め、平成に年号が変わった頃からです。それまでの居住空間を広げるための増築工事から、既存の空間を豊かにするリフォームを求めるような変化が見られました。限られた住宅空間の中で快適性を求めるために部屋を明るくしたり、個性的な内装空間を望むような傾向が出てきました。それまでの建築設計の中で、インテリアデザインが独立した役割を担うようになってきたのです。

しかし、木造住宅では構造上の検討を十分に実現できる技術者が育っていないため、構造上の問題に配慮しないリフォームも多く行われています。吹抜けはデザイン上では好まれます。開放型の明るく広い空間が得られるからです。しかしその結果、構造上の問題には配慮が欠けるインテリアの設計も、多く見かけるようになりました（図3）。

木構造のことを配慮せずに、木造住宅の設計をするという、極めて乱暴な設計を見かけます。このようなインテリアデザイナーの設計には不安を覚えます。リフォームの現場においても、劣化対策をせずに内装工事が進められてゆくケースがあります。どんなリフォームもまず劣化対策が優先されなければなりません。どんなインテリア設計でも、構造的な配慮がまず必要です。安全な家づくりが望まれます。住宅にはもちろん快適性は大切なことですが、木造住宅の設計をするということは、居住者の生命、財産を守る安全な住宅設計が、その根幹に位置付けられなければなりません。

外部の開口部も木製建具からアルミなどの金属製建具になってきており、防火、断熱、機密性能なども向上しておりますが、既存建物では湿度が室内に滞留するため、リフォーム時には湿気、換気対策も必要になります。

既存建物における問題点は建物の環境や家族構成により異なります。したがってリフォームのときには問題点を配慮し計画をたてなければなりません。リフォーム前後の性能の違いが第三者に分かるような計画が望まれます。

図3 ▶ 大きな吹抜けのインテリア

▶ 基本対策 ⫸ 構造リフォームを考える

いま日本は、地震の活動期に入っているといわれています。そのため、木造住宅のインテリアを考える時には、最低限、地震力や鉛直力などの構造上の検討が必要です。インテリア設計においても、耐震性能の検討が根底になければなりません。まず劣化調査を行い、劣化部分を取り替えることがインテリア設計においても前提条件となります。

リフォームを始める前には、きちんとした調査を行い、構造上の補強計画を行った上でインテリアデザインの設計も心掛けていくことが大切です。

政府も木造住宅の耐震化を進めていますが、木造住宅の償却22年との規定が木造住宅の耐震化にブレーキをかけているように思われます。償却の考え方は平均的な建て替え年数からきているようですが、木造住宅の耐用年数は決して22年ではありません。今後木造住宅のリフォームを積極的に押し進めてゆくためには、償却の問題の再考が必要に思います。

これからの木造住宅は、耐用年数100年を目指した家造りが必要となるでしょう。建ててから30年で住宅を新築する時ではなく、"構造リフォーム"の時と考えるべきではないでしょうか。

写真4 ▶ 柱の撤去による梁の補強
柱を撤去して空間を広げる場合はそれなりの補強対策が必要となる。

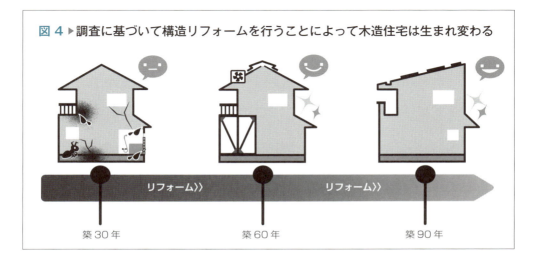

図4 ▶ 調査に基づいて構造リフォームを行うことによって木造住宅は生まれ変わる

築30年　リフォーム⫸　築60年　リフォーム⫸　築90年

症例 3 ≫ トラブルが起きやすい内装建材

　木造住宅における内装建材の移り変わりは、派手さはありませんが、P119で述べたように昭和30年代ぐらいまでの湿式工法中心の内装から、徐々に乾式工法が取り入れられるようになってきました。乾式工法の増加は、和風から洋風への変化とほぼ並行してきた傾向が見られます。しかし、多種多品目の内装材が市場に出回るスピードは速く、受け入れ側の設計者、建築業者が新しい建材を使いこなすまでの準備期間は極めて乏しかったといえます。

　ですから結果としてこの期間は、建材メーカー側が提供する仕様だけを手掛かりに、使用する建材を決めてゆかざるを得なかったように思います。そのため、天井はデックス、壁は化粧合板、床は化粧フローリングを使用する、というような住宅の内装へと変わってきたのです（**写真5**）。

　しかしその後、石綿・ホルムアルデヒド・火災時の有毒ガスなど、住宅の室内・室外に利用される建材の環境問題が論議されるようになり、今度はその規制が厳しく行われるようになりました。

写真5 ▶ 新建材を主体とした廊下の内装

写真6 ▶ 仕上げが乾式工法の居間・和室
床は杉板貼りである

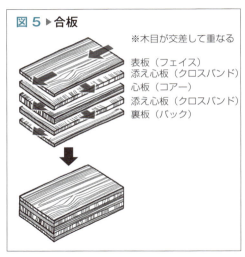

図5 ▶ 合板
※木目が交差して重なる

表板（フェイス）
添え心板（クロスバンド）
心板（コアー）
添え心板（クロスバンド）
裏板（バック）

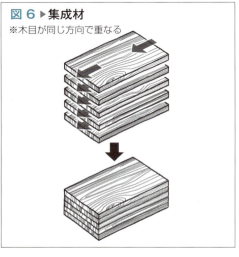

図6 ▶ 集成材
※木目が同じ方向で重なる

基本対策 >>> 無垢材・フォースター（4星）の使用

　昭和50年代の頃より、新建材のいわゆる環境問題が取り沙汰されるようになり、天井・壁は石膏ボードの下地の上にクロス貼りをする仕上げに変わってきました（**写真6**）。その結果は、どの木造住宅も同じような仕上げとなり、個性を感じることができず、ある意味欲求不満になっている建築主・設計者・建築業者も増えてきました。

　住宅の内装設計にも個性を持たせたいという気持ちは、多くの設計者にあると思います。その結果、最近では湿式工法が増えるとともに、無垢材を内装に使用することも多くなっております。クロス・ビニルクロス貼り一辺倒であった近年の内装に対する反動のような気もします。

　合板類にも、ノンホルムアルデヒド・フォースター（4星）表示の合板が義務づけられました（**表2**）。とくに最近の内装は、外周のアルミサッシの気密性も高くなってきたことから、内装に使用される接着剤には過敏な反応を示しており、法律的にも24時間換気の義務づけも行われるようになってきています。

　最近の傾向としては、自然に帰ろうとする意識を感じます。その結果が、住宅の内装にでも自然素材を使用する傾向を後押ししているようです（**写真7、8、9**）。

表2 ▶ JAS規格に定めるホルムアルデヒド放散量基準

基準	平均値	最大値
F☆☆☆☆	0.3mg／ℓ 以下	0.4mg／ℓ 以下
F☆☆☆	0.5mg／ℓ 以下	0.7mg／ℓ 以下
F☆☆	1.5mg／ℓ 以下	2.1mg／ℓ 以下
F☆（F☆S）	5.0mg／ℓ（3.0）以下	7.0mg／ℓ（4.2）以下

写真7 ▶ 桧の丸太に杉板

写真9 ▶ 和洋室

写真8 ▶ 無垢材を主体とした洋室（腰・床が杉板）

CHAPTER 7
内装リフォーム対策

まとめ

1. 昭和30年～40年代は和室を中心とした湿式工法の木造住宅が多かったが、その後日本の木造住宅は和から洋へと変換を始めた。その動きに沿って、新しい建材とりわけ内装材が大量に開発された。
2. 住宅の間取りも、来客と家長中心の配置から、主婦の日常動線を軸とした家族中心型配置へと変わってきている。一方、築30年以上の住宅では、まだ旧型のままの間取りも多数残されているのが実態だ。
3. このような近年の日本の住宅の変化・変遷を十分に踏まえたうえで、リフォーム計画は立てられなければならない。
4. 内装の流行やデザイン優先で行われたリフォーム（一部の新築も）には、構造上の配慮を欠いたものも多数見受けられる。リフォームはまず、住み手の安全・安心の確保、劣化部位の交換・補強をベースに計画されなければならない。
5. 内装材は、昭和初期から昭和50年代頃までは湿式工法が主体であったが、以後乾式工法が内装材の主流になっている。また近年は湿式工法も見直されている。
6. 内装リフォームもはじめは内装材の貼り替え程度であったが、最近ではインテリアも重視されるようになってきており、厨房・ユニットバスなどの水廻り、断熱・バリアフリーなどの住宅性能向上とリフォームの質の変化がみられる。

CHAPTER 8

性能向上リフォーム対策

CHAPTER 8
性能向上リフォーム対策
▌概要解説▌

課題が多いこれからの木造住宅

住宅は、住み手の生活様式の変化に沿って、求められる機能も変化してゆきます。ですから、リフォームを考えるときには、これから先の世の中の変化や、家族の生活様式の変化を先取りし、次の時代に求められるであろう機能や構造を、予想しながら進めることが大事になります。

いま、日本で住宅を建築する場合、新しい住宅が備えておくべき機能や性能のレベルについて、「住宅性能表示制度」が1つの目安とされています。リフォームに当っても当然これは指標となります。ここではこの性能表示について概要を採り上げます。

次に、これからの住宅を考える際に予想される、近未来の2つの大きな流れを押えておきましょう。1つは、高齢化社会の到来という流れ、もう1つは、すでに始まっている住宅の高気密・高断熱化の流れです。この2つとも、これからの住宅を考える上で避けて通ることはできない課題といえます。

この2つの流れに対応するためにも住宅性能のレベルを考慮したリフォームが必要となってきます。

住宅性能表示制度

住宅性能表示制度は、表1のように10項目あります。構造の安定については別章にて記しておりますので、この章では特に下記の項目について解説します。

1．②火災時の安全
2．④維持管理の配慮
3．⑤温熱環境
4．⑥空気環境
5．⑨高齢者等への配慮
6．⑩防犯

住宅性能表示制度とは、平成11年6月23日公布され、平成12年4月1日に「住宅性能の品質確保の促進等に関する法律」として施行されました。

この章における性能向上のリフォームとは少し視点が異なりますが、10の住宅性能系の区分を紹介しておきたいと思います。

火災時の安全

地震で倒壊から免れても、火災により焼却してしまったら何もなりません。防火性能の重要性への配慮が必要に思います。耐火等級は、主に開口部と開口部以外に分けられ、耐火時間で等級が定められています。

＜開口部＞
　等級3：60分以上
　等級2：20分以上
　等級1：等級2に満たないもの
＜開口部以外＞

表1 ▶ 住宅性能表示制度の10項目

項目	内容	（対象）	評価方法
①構造の安定	地震・風等の力が加わった時の建物全体の強さ	（壁量・壁の配置）	等級3・2・1
②火災時の安全	建物の燃えにくさ	（延焼のおそれのある部分の耐火時間）	等級4・3・2・1
③劣化の軽減	建物の劣化のしにくさ	（防腐・防蟻・床下・小屋裏換気等）	等級3・2・1
④維持管理の配慮	専用配管の維持管理および共用配管の埋設方法など	（建物の設備配管の点検・清掃・補修のしやすさ）	等級3・2・1
		（地中埋設の配管方法等）	等級3・2・1
⑤温熱環境	冷暖房時の省エネルギーの程度	（躯体・開口部の断熱等）	等級3・2・1
⑥空気環境	内装材のホルムアルデヒド放散量の少なさおよび換気	（居室の内装材の仕様・換気）	等級3・2・1
⑦光・視環境	日照や採光を得る開口部面積の大きさ	（居室床面積に対する開口部面積の割合）	等級3・2・1
⑧音環境	居室のサッシュ等の遮音性能	（サッシュ等の遮音等級）	等級3・2・1
⑨高齢者等への配慮	バリアフリーの程度	（部屋の配置・段差の解消・階段の安全性・手すりの設置・通路、出入口幅員等）	等級3・2・1
⑩防犯	開口部の侵入防止対策	（戸および錠・サッシュ・ガラス・雨戸等の侵入防止対策））	──

延焼の恐れのある外壁・軒天
等級4：60分以上
等級3：45分以上
等級2：20分以上
等級1：等級2に満たないもの

維持管理の配慮

維持管理の点でいえば、設備の点検をどうするかが問題になります。配管の種類の問題もありますが、まずできるだけコンクリートの中に埋め込まないことが重要です。ただし凍結防止のための配管の埋め込みの条例がある場合には、その限りではありませんが、その場合でも点検・清掃などが行いやすいようにしておくことが大切です。

＜各等級の目安＞
等級3：構造躯体と仕上げに影響を及ぼさない
等級2：構造躯体に影響を及ぼさない
等級1：等級2に満たないもの

温熱環境

最近の木造住宅の傾向の1つに、断熱性の高い住宅造りがあげられます。高断熱とは住宅を断熱材で包み込み、熱の保存を図り、省エネルギーを目的としています。気密化は、室内の気密性を高め、室内空気の保存を図ることで省エネルギー化を実現することが狙いです。こうした狙いを促進するため性能規定制度では、10項目の性能規定の1つとして「温熱環境」があげられています。

規定の中では、等級を3等級に分けて目安を示していますが、問題となるのは開口部の気密化によって熱の損失を如何に防ぐか、また夏期の日射からの遮蔽方法をどのように検討するかなどです。開閉部分の納まり具合や、ガラスの種類、庇やカーテンなどの工夫も指摘されています。

要するに、基本は断熱材の種類や施工の正確さにより、気密化を図り、断熱性能を如何に高くするかがポイントです（外断熱・内断熱）。

最近では、ペアガラスの入ったアルミサッシュが、木造住宅の基本仕様になってきています。二重サッシュにするケースも増えてきています。

2011年3月の東日本大震災による原発事故以降、日本特有の問題もありますが、省エネ化は時代の要請です。しかし、換気に注意しなければ、室内空気の汚染につながります。

断熱材に包み込まれた木造住宅が、結露を生じさせることにより、腐朽や蟻害にもつながります。換気対策は、高気密・高断熱を採用する時に最も注意しなければならない問題です（図1）。

空気環境

最近は室内の化学物質による空気汚染が原因で、シックハウスが社会問題になってきています。住宅の性能表示の中に「空気環境」が盛り込まれたのもそのようなことが背景にあるといえます。

化学物質と病気の因果関係はまだ完全には解明されていませんが、化学物質の規制のためのガイドラインが定められています。

現在はホルムアルデヒドなど5物質に限定

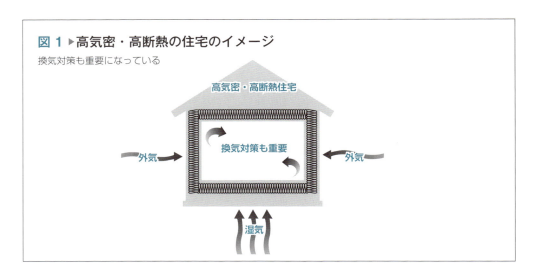

図1 ▶ 高気密・高断熱の住宅のイメージ
換気対策も重要になっている

されていますが、とくに居室に発散されるホルムアルデヒドの少なさを評価しています。評価方法は1〜3等級までに分けられ、最も厳しいのが3等級で表されます。ホルムアルデヒドを発散する特定建材は、合板・木質系フローリング・集成材・壁紙接着剤・断熱材・塗料など17項目になります。木材の無垢材は対象外です。

以前は、窓を開けて換気するという習慣がありましたが、最近ではその習慣も少なくなっています。一方で、木造住宅の気密化が進んだため、空気汚染の危険性は大きくなっているのが現状で、換気対策の重要性がそれだけ増してきています。特に高気密・高断熱住宅の場合には、機械換気にすることが必要になります。

換気の基礎は、窓の開閉です。もちろんそれは住宅地の周辺の環境にも左右されますが、設計時から自然換気の取り入れも意識したいものです。

住宅性能表示では触れられていませんが、温湿度とカビの問題の重要性を指摘しておきます。この温湿度の問題は機械換気というよりは、居住者の意識とリフォーム方法が大きく影響してくるからです（CHAPTER 2「湿度対策」参照）。

高齢者等への配慮

日本は少子高齢化時代に入っています。すでに団塊の世代も定年を迎え、年金問題だけでなく、日本の福祉社会のあり方が現実的な問題となってきています。これまで日本人が経験したことのない少子高齢化社会という時代へ突入しています。

今後どのような問題が、日本経済に、また私たちの家庭に降りかかってくるか分かりません。個人的に対応できることはさほど多くはないように思われます。でも、確実に各家庭に生じてくる問題です。

少子高齢化によって起こりうる問題としては、
・人口の減少
・国の生産性の減少
・年金支給の問題 (金額・時期)
・医療費の増大
・税収の減少
・高齢者介護

などがあげられますが、どれ1つ取ってみても個々人で対応できることはそれほど多くはありません。しかし、それらが住環境を阻んでしまうこともあります。

とくに高齢者の介護の問題は深刻です。祖父母が高齢化しても、できるだけ長く家族と過ごしたいと思うのは当然なことと思いますが、介護は簡単なものではありません。少人数の家庭で介護の交代もできない状態では、出来る介護内容も限られてきます。

住環境も介護する上では大きな問題となります。手すりに伝わりながら、独立歩行が可能な状態から車椅子での生活、そしてベッドから離れることが困難な状態になってゆく時に、住環境をどのように準備しておくのか、どのような設備をすればよいのか、真剣に取り組まなければならない時にきています。

防犯

最近住居に絡んだ犯罪も多くなってきています。侵入防止に有効な措置が講じられているかを見ていきます。特に開口部の侵入防止対策が重要になります。戸・錠・サッシュ・ガラス・雨戸などの検討で開口部からの侵入にも注意しなければなりません。

症例 1 ≫ 建築建材と化学物質

最近は住宅内における建材や接着剤から発生した、化学物質などによる健康被害が多く指摘されています。いわゆるシックハウス症ですが、なかなか治りにくいといわれています。なかでもホルムアルデヒドが問題とされています。このホルムアルデヒドを発散する可能性のある建材は特定建材と呼ばれていて、次の17種類にのぼります。

1. 合板
2. 木質系フローリング（単層フローリング等を除く）
3. 構造用パネル
4. 集成材
5. 単板積層材（LVL）
6. MDF
7. パーティクルボード
8. その他の木質建材：木材のひのき板、単板またはその他これらに類するものをユリア樹脂等を用いた接着剤により面的に接着し、板状に成型した物
9. ユリア樹脂板
10. 壁紙
11. 接着剤（現場施工、工場での二次加工とも）：壁紙施工用でん粉系接着剤、ホルムアルデヒド水溶液を用いた建具用でん粉系接着剤、ユリア樹脂等を用いた接着剤
12. 保温材：ロックウール保温板、グラスウール保温板等
13. 緩衝材：浮き床用グラスウール緩衝材、浮き床様ロックウール緩衝材
14. 断熱材：ロックウール断熱材、グラスウール断熱材、吹き込用グラスウール断熱材、ユリア樹脂またはメラミン樹脂を使用した断熱材
15. 塗料（現地施工）：ユリア樹脂などを用いた塗料
16. 仕上塗材（現地施工）：ユリア樹脂などを用いた仕上げ塗材
17. 接着剤（現場施工）：酢酸ビニル樹脂系溶剤形接着剤、ゴム系溶剤形接着剤、ビニル共重合樹脂系溶剤形接着剤、再生ゴム系溶剤形接着剤（いずれもユリア樹脂等を用いた物）

表2 ▶ 特定建材のホルムアルデヒド放散量に関する等級表示

居室の内装の仕上材	天井裏等の下地材等級	建築基準法における種別	JIS表示 JAS表示 大臣認定
等級3	等級3	規則対象外	F☆☆☆☆等級相当
等級2	等級2	第三種ホルムアルデヒド発散建築材料	F☆☆☆等級相当
等級1	—	第二種ホルムアルデヒド発散建築材料	F☆☆等級相当

▶ 基本対策 ≫ ホルムアルデヒド対策

ホルムアルデヒド対策は2段階の表示を行います。

1. 居室の内装の仕上げ材、天井裏等の下地材に使用している材料の区分の表示
2. 特定建材を使用している場合は、ホルムアルデヒド発散量に関する等級（複数の等級評価がある場合は最も低い等級）の表示

次に、換気対策が挙げられます。

1. 居室の換気対策
機械換気設備とは、換気回数0.5回／h以上の換気設備

2. 局所換気
台所・浴室・便所ごとに、イ・機械換気設備　ロ・換気のできる窓　のうち該当するものの表示

3. 室内空気中の化学物質の測定
住宅の完成段階で室内の化学物質の濃度を計測し、その結果を条件と共に表示

既存の木造住宅の場合は、高気密・高断熱の住宅はまだまだ少ないが、これからのリフォームでは、気密化は必須であることから、十分な注意が必要です。

最近は24時間換気も義務づけられていますが（図2）、通常時でも室内の空気の流通は必要になります。この場合、引き違いの木製建具はそのままでも通気が行われると考えられていますが、ドアの場合には隙間が少ないことから、ドア下のアンダーカットを行い（図3）、通気を確保します。

時々見かける事例ですが、排気用の換気扇だけが取り付けられていて、吸気口が設けられていないことから、換気が機能しない、などの単純な勘違いも見られます。

これから高気密・高断熱の木造住宅を進めるに当たっては、換気対策は必須の条件です。

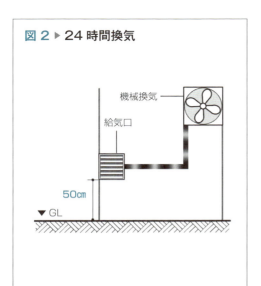

図2 ▶ 24時間換気

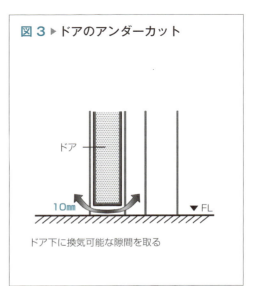

図3 ▶ ドアのアンダーカット

ドア下に換気可能な隙間を取る

症例 2 ›› 換気の事故例

伝統工法の木造住宅は、自然換気を取り入れた工法でしたが、安全性を確保するための構造面での規制や、気密・断熱性を高めるための工法が取り入れられてくる中で、新たな換気対策が必要になってきました。室内については、24時間強制換気が導入されるようになりました。

しかし、床下は構造上の問題から連続基礎（布基礎）となり、土中水が床下に滞留し、湿度が建物内に浸入しやすくなってきています。屋根は波形（瓦など）から平板の屋根材が多く使用されるようになってきたため、断熱効果・結露などの問題が生じやすくなっています。小屋裏換気に対する意識も希薄になってきているようです。

床下の湿度が高くなり、建物内に浸入することで、カビの発生も増加し、小屋裏の湿度の上昇や結露などの問題も多くなっています。

写真1は、床下の高湿度化によりカビが発生、また劣化も進んでしまった例。**写真2**は、小屋裏に換気対策が採られなかったため、結露を生じている住宅内の小屋裏の例です。

写真1 ▶ 床下の換気不良

写真2 ▶ 小屋裏の結露

▶ 基本対策 ≫ 住宅における換気対策

木造住宅の換気対策は、人の健康に直結する大事な対策です。

① **床下の換気対策**
② **室内の換気対策**
③ **小屋裏の換気対策**

①床下の換気対策は、CHAPTER 2 で述べたように既存建物においては、床下からの湿気対策にあります。

②室内の換気対策の基本は、自然換気ですが、外気の環境、あるいは花粉の時期などで窓の開閉が難しいこともあります。依って、24 時間換気が必要になります（**図4**）。しかし、室内環境を考えた場合には、湿度にも注意が必要です。居室には湿度計を置いて、湿度を 40 〜 60％内に保つような心掛けが大切です。

③小屋裏換気対策の基本的な考え方は、P043 の **図7** を参考にしてください。下部で吸気を取り、棟部（屋根の最上部）で排気を取ることが基本です（**写真4**）。P 043 の **図7** でみるように取り付け例により効果が異なるので、留意が必要です。

写真3 ▶ 床下の換気（土台下にて換気）

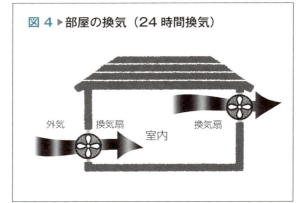
図4 ▶ 部屋の換気（24時間換気）

写真4 ▶ 小屋裏の換気

症例 3 >>> ドアの弊害

　高齢者や体の不自由な方が住みやすい住宅を考える際は、出来るだけ自立歩行を目指したいと思います。その場合、手すりの設置はどうしても必要です。この頃は家族とともに同じ屋根の下での生活が可能な時代といえます。

　自立歩行が難しく、車椅子が必要な状態になる頃から状況は一変してきます。住宅内の段差と廊下の幅員、トイレ空間などの問題が生じてくることになります。最近はバリアフリー化が進み、住宅内の敷居と床を平坦にし、段差（**写真5**）を無くすケースは増えてきました。ただ日本のモジュール寸法である90cmピッチのプラン（**図5**）と、各室の独立性・気密化を図る上から、ドアを多用したプランが大変多くなっています（**図6**）。これは、車椅子で生活する場合には弊害になります。廊下の幅、便所・洗面・浴槽などの水廻りの空間を広げる、そして車椅子の移動の場合にはドアから引戸へと出入り口を変えてゆかなければなりません（**図7**）。

　リフォームの時には以上のような点の検討が必要になります。特に便所のドアが内開きになっているケースも見かけますが、内開きは避けなければなりません。

写真5 ▶ 室内の段差

図5 ▶ 90cmモジュールで狭い曲がった廊下のプラン

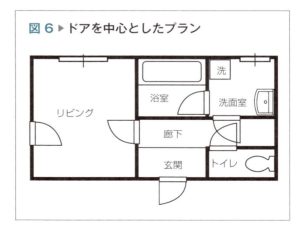

図6 ▶ ドアを中心としたプラン

▶基本対策 ≫≫ ドアから引戸へリフォーム

リフォーム時にはドアを中心とした間取りから、引戸を主体とした間取りにします。車椅子の移動を可能にするため、浴室・洗面・トイレなどへ行く廊下の空間を広げ、ドアから引戸にします（**図7**、**写真6**、**写真7**）。

このようなリフォームを行うことで、介護の環境を整え、介護者の重労働の負担軽減を図るとともに、自宅介護の時間の延長を図ります。

これからの少子高齢化時代での家庭環境のあり方を、それぞれの家庭で工夫していかなければなりません。日本の介護医療の乏しさを嘆くだけでなく、主体的に解決してゆく工夫と準備が大切です。それは高齢者の孤立感を減少させることにもつながります。

高齢者の精神的不安感、孤立感を無くすことは重要ですが、介護者の負担は精神的にも肉体的にも大変なものがあります。筆者がリフォームした事例で、寝室に便器、洗面所を設置し、喜ばれたこともあります。何よりも家族内の話し合いのもと、協力態勢が必要に思います。

家庭内の環境や事情なども考慮し、長期にわたる資金計画も考えていかなければならないでしょう。

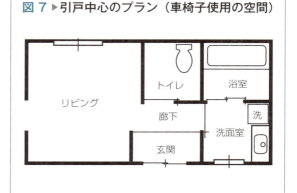

図7 ▶引戸中心のプラン（車椅子使用の空間）

写真6 ▶和室・出入口引戸の段差を無くす

写真7 ▶敷居を無くす

症例 4 ▸▸▸ 高気密の弊害

高断熱・高気密による住宅造りを心掛ける際に、注意しなければならない事項を挙げておきます。

[高気密・高断熱への注意点]
1. 雨濡れ対策
2. 結露により生じる腐朽
3. 基礎断熱による蟻害
4. 換気対策と空気汚染
5. 将来のメンテナンス対策

　日本の気候は地域によりかなりの差があります。地域による取り組みの違いも考えなければなりません。

　北海道と沖縄では、同じ日本といっても気温も違えば自然災害の種類も異なります。北海道では雪、沖縄では台風・雨など自然との向き合い方にも違いを生じます。そして温・湿度対策の取り組みにも違いがあります。沖縄では台風・太陽光からの遮蔽と、北海道では冬期の低温度からの凍結・断熱対策など、取り組みの目的が異なってきますので、留意しなければなりません。

　日本の伝統工法は通気性の高い工法を採用してきました。それは日本の気象環境の高湿度が生み出した工夫で、床下の通気性、室内の開口部のあり方などとともに、昼間は窓を開けるなどの慣習が各家庭にも根付いていました。日本の四季に適合した、壁は土壁、床は畳という素材を生み出し、さらに引き違い窓などが多く利用されてきたのです。

　工法は長所と短所を有しているものです。欠点の無い素材も工法もありません。性能を高めれば、それに応じて問題点も生じますので、設計・施工上、相応の留意が大切です。

写真 8 ▶ 結露による被害（屋根）

写真 9 ▶ 結露による被害（外壁）

▶基本対策 ≫ 断熱材の敷き込みと通気対策

　木造住宅の断熱性と高気密化という現代の住宅造りは、今までの日本における木造住宅と異なって捉えられる部分も多くあります。おそらく半世紀ほど前の日本の高度経済成長期が、その岐路であったように思われます。これまでの日本の住宅は、自然と共生した木造住宅でした。しかし経済成長とともに、RC（鉄筋コンクリート）造の建物（マンション）が多くなり、自然と対峙する住宅造りへと変わってきました。高度経済成長の波とともに、機械化・量産化が進み、その結果、木造住宅も湿式工法から乾式工法となり、気密・断熱化に向けた住宅になってきたのです。

　どちらが良いのかをここで問うつもりはありませんが、この変化で多くの日本の慣習や技術などにも変化を生じています。こうした変化を不安視する声もあります。半世紀前は、杉の花粉などほとんど気にも留めていませんでしたが、今では杉花粉の季節には、外に洗濯物を干すことができません。窓もほとんど開けることはありません。これまでの生活を知る方々は窓を開けたいという衝動に駆られるかもしれません。自然との共生と自然との対峙。これからはその双方が共存して行く道を探らなければなりません。

　木造住宅の断熱と気密化は必要な要素といえます。この性能を高めようとする時には、正しい知見と技術が必要になります。断熱と気密と換気の関係は、相反することですが、同時に考えてゆかなければなりません。

　木造住宅を建てる時には、住宅に対する思いを話し合うことがまず必要な時代になっています。

写真10 ▶床断熱の敷き込み

図8 ▶温熱環境
○冷暖房時の省エネルギーの程度
○評価方法：躯体・開口部の断熱等

CHAPTER 8
性能向上リフォーム対策

まとめ

1. 住宅性能表示制度で謳われている10項目は、リフォームを考えるための「10の手掛かり」ということもできる。これからの住宅が備えるべき性能について要領よくまとまっているので、チェックリストとして活用できる。
2. 最近の木造住宅が、一時代前と大きく変わってきているのは、高気密・高断熱への流れといえる。しかしこの流れの中で留意すべきなのは、屋内の空気環境との兼ね合いだ。新建材に含まれる化学物質による室内空気汚染も、視野に入れておかなければならない。
3. 高気密・高断熱と室内空気の浄化（換気対策）とは、基本的に相いれない関係にあると言える。しかし、どちらを優先すべきかではなく、その双方への目配りを欠かさない努力が大切。
4. これからの住宅づくりで欠かせないのが、少子高齢化社会への対応だ。この大きな社会現象に、個人の力だけで対応できることは多くはない。ただ、確実にやってくる近未来への備えを、住環境の面からカバーすることは、リフォームの大きなテーマの1つとなってゆく。
5. 高気密・高断熱を進めるにあたり、木造住宅の劣化対策に慎重な配慮が望まれる。長期優良住宅にも留意が必要になる。

CHAPTER 9

雨漏り対策

CHAPTER 9
雨漏り対策
概要解説

どこから雨漏りはくるのか

　雨漏り補修を経験したことのない建築関係者はいない、といえるほど、雨漏りの症例は数多くあります。

　住宅保証機構の統計でも、一番多い事故例が雨漏りで、全体の事故例の半分を占めています。一口に雨漏りといっても、単純ミスによる雨漏りから、難しい施工を要求する設計が原因になっている雨漏りまで、いろいろです。雨漏りというと屋根からの雨漏りをイメージされますが、事例からいうと、壁からの雨漏りが7～8割を占めているようです。

　雨漏りの調査をしていて最も難しいのが、図面も情報もない施工者不明の雨漏りです。施工の仕様が施工会社によって違うことがあるからです。他にも1カ所からの雨漏りとは限らず、複数箇所からの雨漏りということもあり、1カ所だけ漏水を抑えても止まっていないというケースもあります。さらには結露か雨漏りか判別がつかないケースもあります。

　施工者が異なる雨漏りの場合は、雨漏りの理由が複数考えられる場合や、数カ所からの雨漏りがある場合などが考えられ、1カ所だけ対応しても雨漏りが止まらない状況が起こることもあります。その場合に雨漏りの補修工事を行った施工会社の責任は大変難しくなります。雨漏り修繕は、事前に起こり得る可能性を説明しておくことが必要です。雨漏りの修繕工事は1回で終るものではないと考えるべきで、事前見積りは難しいのが実情です。

　地震の時によく瓦の棟が落ちてしまうことがあります。屋根の棟や隅木部分は、地震などの時に最もストレスのかかる場所で、この部分の瓦のズレは雨漏りの原因になります。彩色石綿板では、この隅木部分に鉄板が使われることがありますが、隅木部の劣化・木材の劣化・彩色石綿板の劣化や割れが原因となり雨漏りを生じることがあります。また庇の無い部分では施工ミスも生じやすく、それが原因で雨漏れ劣化へと進んでいくこともあります。

　雨漏りは誤魔化しがききません。施工上問題があった場合には設計変更が必要です。最近は少なくなりましたが、内樋の問題もあります。

表1 ▶ 雨漏りの場所と対策

雨漏り修繕工事場所		施工業種
屋根関係		屋根材
		屋根勾配等
		板金
		雨樋
		その他（防水工事）
外壁関係		外壁材（サイディング等）
		左官（モルタル）
		コーキング
		吹付・塗装類
		板金工事
		その他
開口部		サッシュ廻り
		結露
		サッシュの調整
		コーキング
		その他
バルコニー		防水
		板金
		コーキング
		設備工事
		バルコニーの取付部
		その他

図1 ▶ 雨漏りの危険な箇所

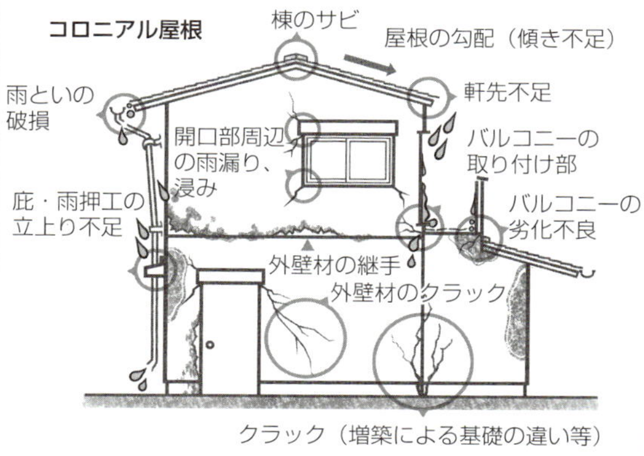

コロニアル屋根／棟のサビ／屋根の勾配（傾き不足）／雨といの破損／軒先不足／開口部周辺の雨漏り、浸み／バルコニーの取り付け部／庇・雨押工の立上り不足／バルコニーの劣化不良／外壁材の継手／外壁材のクラック／クラック（増築による基礎の違い等）

内樋はゴミなどで詰まりやすく、また劣化した場合には、下部に漏水することになりますので、内樋を設計する場合は要注意です。

雨漏りの生じやすい部位として、建物の不同沈下により、2階のベランダに水が溜まるようになった例もあります。外壁のクラックなどのほか、開口部周辺からの雨漏りにも注意が必要です。

外壁からの雨漏り

雨漏りで最も多いのが、外壁からの雨漏りです。外壁からの雨漏りの原因を探ってみると、
①外壁のクラックからの雨漏り
②開口部周辺からの雨漏り
③庇などの雨押え周辺・庇先端部からの雨漏り
④バルコニーからの雨漏り
⑤下屋部の雨押え部分からの雨漏り
などがあげられます。

①～⑤は症例をあげながら解説しますが、ここでは外壁クラックからの雨漏りについて纏めてみます。

昭和30年頃より、外壁の防火構造という観点から、外壁をモルタル壁にする住宅が増えてきました。しかし湿式工法であるモルタル壁の場合には、クラックが入りやすいという欠点が

あります。最近の現場では面材（構造用合板）を下地材にしているケースが増えてきましたが、昭和時代のモルタル壁の場合には、ラス下地を柱・間柱に釘打ちをし、その上に防水紙を貼り、ラス（金網）を貼ってモルタルを塗っていました。

モルタルにクラックが入る原因を調べてゆきますと、次のケースがあります。

1. ラス下地材の素材が悪く、ラス下地材が変形してしまう
2. 釘は本来N50（50mmの鉄丸釘）を各板に2本ずつ取り付けるが、実際には長さ30mmから38mm位の釘が使われ、板の接合が弱い
3. 木造住宅の柱の上下端部は、公庫（現在の住宅金融支援機構）仕様ではカスガイ留となっていたが、その他は柄差し（柄が差し込まれているだけ）がほとんどで、柱が振動により動き、外壁モルタルにクラックが入る
4. モルタル下地は本来ラス下ではなく木摺り（写真1）下地でなければならない
5. 防水紙、ラス（金網）の劣化

写真1 ▶ 木摺り下地

症例 1 ▶▶▶ 屋根の雨漏り

雨漏りは屋根からと思われがちです。確かに雨は上から降ってきます。しかし上からの雨対策だけであれば、そんなに難しいことではなく、屋根を大屋根としたり、切妻などの単純な屋根形とし、屋根勾配を取ればそんなに雨漏りを心配することはありません。

屋根の材質も日本の木造住宅では、瓦・セメント瓦・彩色石綿板・シングル葺き・カラー鉄板、最近ではガルバリウムなど多彩です。陸屋根（屋上を使用する勾配の無い屋根）の場合の防水材も各種（アスファルト・シート・ウレタン・ホーロー等）あります。

屋根からの雨漏りで最も頻度が高いのは、屋根材の劣化・割れ・下地の防水紙の劣化・排水口周辺・勾配不良などによるケースです。

屋根は単純な形状のものだけではありません。寄せ棟・入母屋・L型屋根、そこに増築が行われ、増改築を繰り返していくと、屋根は複雑になり、漏水の可能性も増えてゆきます。

2階建ての場合は、1階分の屋根を下屋と呼び、下屋も屋根の一部と考えられます（図2）。

地震の時には、1階部分の揺れと2階の揺れは異なりますので、この下屋と2階の立ち上がり部分（胴差部）に、しわ寄せが集中することがあります。雨漏りの原因になりやすい場所といえます。

図2 ▶ 屋根からの雨漏り想定例

写真2 ▶ 雨漏りの原因

棟の仕口・内樋のつまり

彩色石綿板の劣化

軒の出不足

軒に広小舞がない

不同沈下による勾配不良

▶基本対策 ≫ 屋根の雨漏り単純化で対処

屋根からの対策を考えるには、基本に戻り複雑な屋根を造らないことが原則ですが、ここで何点か対策を考えてみたいと思います。
1. 屋根形状は単純にする
2. 屋根勾配は、屋根材に合わせた勾配を採用する
3. 劣化状況の定期点検を行う
4. できるだけ庇を設ける
5. 結露対策として棟換気を心がける

などが基本です。

まず設計時から極力単純な形状を目指し、使用する屋根材に合わせて屋根形状、勾配を決めることが必要です。建築基準法とも関係しますが、できるだけ庇を取ることが、雨漏りや外壁部分の劣化を防止する上では効果的です。リフォーム工事の場合は、当初の設計をベースに調査・点検を行い、リフォームすることになるので、設計時の条件をよく調べ、判断することが望まれます。

そのためには、屋根の形状・小屋組み内部を調査する必要があります。居住者が雨漏りしていることを知らないこともあります。最近は法的な斜線（周辺の日照を保つための北側斜線など）により、屋根形状に制限を加えられていることもあります。斜線により屋根角度が変わった場所には注意しなければなりません。そして屋根素材にあったリフォームを行うことが望まれます。**写真3**は既存の屋根勾配もゆるかったことから、彩色石綿板からシングル葺に変更した例です（**写真4**）。

写真3 ▶リフォーム前の既存屋根（彩色石綿板）

写真4 ▶リフォーム後の屋根（シングル葺）

症例 2 ›››　外壁の雨漏り

モルタル壁（既存）の場合には、木材の下地（ラス下）の上に防水紙を貼り、その上から金網を貼りモルタルを塗ります。そのため太陽熱などで木材が変形し、釘の強度が小さいとラス下地を押さえることができず、モルタル壁が浮いてしまうことがあります。また振動で柱が動くとクラックが入ってしまうこともよくあります。クラックの入り方をよく見ますと、車などの振動の激しい場所では、柱に沿って縦にクラックが入っていることがあります。柱脚の接合不足が原因になっていることがあります。

また釘の誤使用により（N50-5cmの釘）板の変形を抑えきれない、金網が錆びてモルタルが浮いてしまう、などの問題も築年数とともに生じてきます。それらが原因で壁にクラックが入ってゆきます。クラックは開口部廻りなどを中心に入るようになります。このクラックの幅が大きくなってくると、雨が降った時に雨漏りとなってしまいます。

写真5、6はクラックから水が入り、本来は網があるのですが、腐蝕し、手ではずれるようになっていました。

写真7はクラックから水が入り、外壁のモルタルが膨らみ、浮いてしまっています。内部から見た状態が写真8です。外壁の木部に漏水跡がみられます。

写真6 ▶ ラス下地を剥がしたところ

写真7 ▶ 外壁クラック（お神楽の建物）

写真5 ▶ モルタルのクラック

写真8 ▶ 外壁材の劣化による雨漏り跡

▶ 基本対策 ≫ 外壁の雨漏り対策

雨漏りの発生が最も多いのは外壁部分です。雨漏りは屋根からが多いと思われがちですが、屋根には勾配もあり、雨漏りに対する配慮が、外壁よりも多いのです。外壁には開口部が多いことも原因の1つといえます。雨漏りを原因別に分けて考えてみます。

雨漏りの箇所としては、
①外壁のクラック
②開口部周辺
③庇部分
④バルコニー
⑤下屋雨押さえ部分
などがあげられます。

まず外壁のクラックは、既存建物ではラス下地のモルタル壁が多く、クラックが入りやすく、雨漏りの原因になっています。

今後はモルタル下地に面材を使用することが望ましいでしょう（**写真9**）。

開口部周辺においてはコーキングを打つことが必要となります。

庇部分においては立ち上がりをいままでの45mmから120mmにします。

バルコニー周辺の雨漏りでは、取り付けに注意し、外壁部の取り付けにおいては建物側に負担がかからないようにします。勾配にも注意します。必ず外側勾配にして取り付けなければなりません。

下屋部では、屋根部と外壁の揺れを配慮しなければなりません。

写真9 ▶ 下地補修

写真10 ▶ モルタル仕上げ

症例 3 >>> 開口部周辺の漏水

　開口部周辺からの漏水事故もよくあります。外壁材も、板貼り・モルタル壁が主流で、板貼りの場合は板の乾燥収縮・モルタルのクラックなど、開口部周辺からの漏水がよく見られました。

　最近ではサイディングなどの乾式工法が多く利用されていますが、開口部との取り付け方法には十分注意が必要です。

　下屋や庇などの雨押えの立上り部も45㎜と小さく（**写真11**）、雨と風が伴う場合は漏水を防ぐことができません。

　モルタルの外壁では、開口部のコーナー部分でのクラックがよく生じます（**写真14**）。また最近使われるようになった構造用合板の継手部の接合に問題があり、モルタルのクラックの原因になっています。

　外壁がサイディングの場合には取り付け方にも注意が必要です。開口部の枠を取り付ける際に、サイディングの変形などの事故例もあります。その他、結露にも留意しなければなりません。

写真13 ▶ 勾配の無い敷居

写真11 ▶ 庇の雨押えの立上り

写真12 ▶ 開口部下端の腐朽した木材

写真14 ▶ 開口部廻りにおける外壁のクラック

▶ 基本対策 ≫ 開口部廻りの雨漏り対策

開口部枠の劣化に注意しなければなりません。そのためには、定期的なメンテナンスが必要になります。

下屋や庇などの雨押えの立上り部はこれまで45㎜であったが、今後は120㎜の立ち上がりが必要になっています（図3）。

最近は外壁に構造用合板（面材）を利用するケースが多くなっていますが、構造用面材の上にモルタルを塗る場合には、面材の継手部に注意が必要です。継手部の接合が甘く、継手部が動いて上部モルタルにクラックが生じているケースがあり、当然クラックが入れば漏水の原因になります。最も重要なことは構造用面材が動かないように、しっかり固定することです。既存建物で使用されている間柱は27㎜ですが、面材の継手部の場合は45㎜以上（図4）が必要です。

最近は外壁のサイディング工事も増えてきていますが、サイディングの下地には構造用面材を貼る方式を推薦します。最近のサイディングは熱射によって変形することは無くなってきていますが、開口部廻りのコーキングや、サイディングの継手部へのコーキングを行うとともに、定期的なメンテナンスも必要になります。

外壁を剥がす機会がある場合には、雨押えの取替えをしなければなりません。

図3 ▶ 雨押えの立上り

※以前の雨押え立上りは45㎜
120㎜

最近までの慣習では、雨押えの立ち上がりは45㎜であったが、今後は120㎜が必要となる

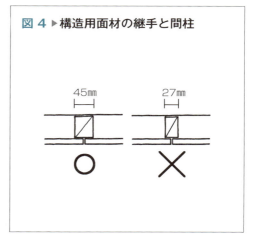

図4 ▶ 構造用面材の継手と間柱

45㎜　27㎜
〇　　×

症例 4 ≫ バルコニー周辺からの雨漏り

バルコニーの形状は図5のものが考えられますが、それぞれ漏水事故の原因が異なることがあります。

設計上の取り付け方によっても漏水原因が異なることがありますので、施工時の注意が望まれます。「はね出し」の場合には、先端部が下がり、そのため建物部分にクラックなどが入り、雨漏りの原因になることが多くあります。先端部が下がらないような設計施工上の注意が必要になります。

写真15、16は、下屋部分にバルコニーが造られています。1階部分と2階部分では地震などによる振動が異なることから、1階、2階の接合部分に応力が集中します。そのため下屋の付け根部分から漏水を生じていましたが、ドレイン（排水口）の種類、取り付けにも注意が必要になります。既製品のバルコニーの場合には、建物側を高く、外側を低く雨水の勾配を設けてバルコニーを取り付けます。

写真17の場合には、取り付け時に外部側への勾配が逆勾配になってしまったために、雨水が建物側に集まり、バルコニーを取り付けた側に漏水を生じ、胴差し、柱に腐朽を生じてしまいました。

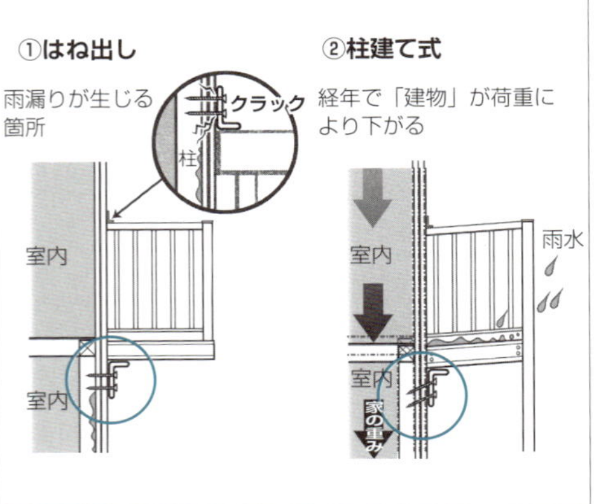

写真 15 ▶ バルコニーからの漏水

写真 16 ▶ 排水ドレイン（排水口）からの漏水

写真 17 ▶ 逆勾配になって胴差し、柱に腐朽が生じている

図 5 ▶ 後付けバルコニーの雨漏りの原因

①はね出し　　②柱建て式

▶ 基本対策 ≫ 接合部の防水処理が重要

図5①のバルコニーの場合には、バルコニーの取り付けを行う本体箇所に梁背240㎜以上の梁を入れます（図6①）。また笠木部分にも固定できる下地を設ける必要があります。取り付ける場合には外側勾配になるようにします。勾配が逆になった場合には漏水の恐れが出てくるので注意が必要です。

図5②の柱建て式の場合にも外側に雨水が流れるように勾配をつけなければなりません（図6②）。建物への取り付けにも注意が必要です。ボルトなどで取り付ける場合、そこが漏水の箇所になることもあるのでとくに留意します。最近は既製のアルミバルコニーを取り付けるケースが多くなっております。メーカーの仕様書によく目を通して取り付けます。

下部に部屋がある現場施工のバルコニーの場合は防水処理が重要です。最近はウレタン防水、ホーロー防水が多いが、防水の立ち上がりを十分に取り、コーナー部分には面材を入れて割れ防止にメッシュなどを貼るように心がけます（図6③）。

排水ドレインに防水用が使用されていない場合がよく見うけられますが、防水ドレインの使用が必須です。

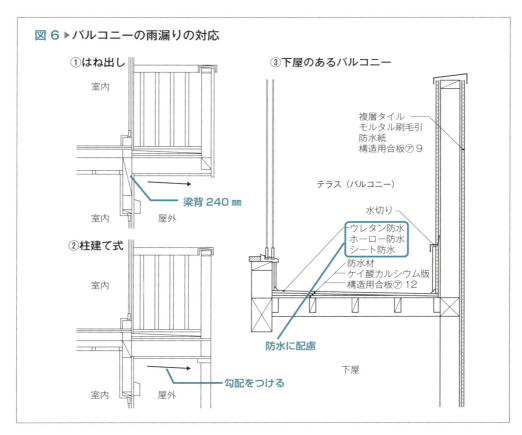

図6 ▶ バルコニーの雨漏りの対応

CHAPTER 9

雨漏り対策

まとめ

1. 住宅関係の統計を見ると、住宅の修理やリフォーム依頼の半数は雨漏りがからむ事例になっている。それくらい雨漏りの事故は多い。そのうえ、この雨漏りの対応工事を引き請ける施工会社は、もともとの施工者とは異なるケースが多い。そのため、責任の所在が不明確になり、トラブルになることも少なくない。
2. トラブルを避けるためには、事前の調査が大切で、雨漏りの現況とその原因を正確に掌握しておく必要がある。雨漏りは1カ所とは限らず、原因も複数のケースがよくある。また複数箇所の破壊調査が必要な場合があることから、事前の説明が望まれる。
3. 雨漏りの7割以上は外壁からの漏水が原因になっている。漏水個所を正確に突き止めると共に、外壁等の下地の劣化についても事前調査が必要になる。
4. 開口部やベランダ周囲などからの漏水も事例は多い。外壁と開口部枠、あるいは外壁と下屋の接合部の取り合いは、最も施工に注意を要する部位だ。
5. 雨漏りとよく間違われるのが結露である。結露にも留意しなければならない。

用語解説 >>>

【あ行】

- **アンカーボルト**
基礎に土台を固定させる金具。
〈P013 図1 参照〉

- **入隅（いりすみ）**
部材や壁などの2つの面が合わさってできる内側の角。(⇔出隅)

- **エキスパンションジョイント**
2つの建物が連結している場合、繋ぎ目に使われる金属板。電車の連結器の働きをする。

- **オーニング**
窓や出入り口に取り付ける日除け、雨除け。

- **大入れ蟻掛け**
梁や根太が架かる程度の深さの切り込みを彫り、直交材を接合する加工方法。
〈P071 の図4 参照〉

- **大引（おおびき）**
1階の床組みを支える部材で、その上に根太が架かる。根太と直交する断面寸法9cm程度。

- **お神楽（おかぐら）**
平屋建の住宅に2階を増築すること。1階部分の補強が不可欠。

【か行】

- **鎹（かすがい）**
横架材と柱、束と大引等を接合するコの字型の金具。

- **被せ工法**
既存の屋根、外壁、窓を残し、上から新たに屋根、外壁、建具を取り付ける工法。

- **壁倍率**
建築基準法で定められた耐力壁の強さを表わす値。最高は倍率5。

- **ガラリ**
通風や遮光のため、一定の角度を付けた細窓板を平行に取り付けた戸。

- **乾式工法**
壁張り工法の1種。モルタル（⇔湿式工法）を使わず、金物やサイディング下地等を使った壁工法。

- **杭（基礎）**
軟弱地盤を補強するため地下の支持層までコンクリート杭、鋼管杭等を打ち込んだ基礎。

- **管柱**
木造軸組工法の各階にそれぞれ立てられる柱。断面は10.5cm角が多用される。

- **クラック**
壁やコンクリート面などに入る割れ目、ひび。

- **間知石（けんちいし）**
石垣用の石材。頂部を欠き、底部一辺30cm四角錐に加工されたもの。

- **剛性**
外力で変形させようとする時、その変形に抵抗する物体の性格。

用語解説 >>>

- **構造用合板**
  躯体を支える耐力壁に用いられる合板。ツーバイフォーの導入で一般化。
- **小舞**
  土壁の下地。竹などを編んだり、縄で固定する。
- **込み栓**
  梁や柱などが抜けないように打ち込む棒状の木材。
- **コンパネ**
  コンクリートパネル。本来はコンクリートの型枠用の合板だが、安価なため建築用合板に代用される例もある。

【さ行】

- **地業工事**
  基礎を安定させるため割栗石や砂利を敷き込み、捨てコンクリートを打つなどの基礎の下部工事。
- **仕口**
  ２つの部材を直交、または角度を持たせて接合する手法（大入れ蟻掛けなど）。
- **湿式工法**
  モルタルなど水系の防水材・接着剤を使った壁工法。（⇔乾式工法）
- **地盤業者**
  地盤の支持力を上げ、沈下を抑制する地盤処理を専門とする業者。
- **集成材（集成梁）**
  乾燥した木片を接着剤で貼り合わせた加工木材。強度が高く安定性がある。
- **常水位**
  地中を掘削していくと常に水を含んだ層に行きつく。その面を常水面または常水位と呼ぶ。
- **人工地盤**
  造成地や崖地などで見られる人工的につくられた基盤。コンクリート製や鉄骨組などあるが、問題が多い。
- **辷り出し**
  窓の軸が上下ないし左右で固定され、窓を外側へ押し開く構造。
- **積層材（LVL）**
  集成材の１つで、薄板を繊維方向を合わせて貼り合わせたもの。単層積層材と呼ばれる。
- **造作**
  室内の仕上げ。床・天井・建具などを造り付ける作業（主に木工事）。

【た行】

- **耐力壁**
  垂直ないし水平方向の荷重を支える壁。筋かいや構造用合板が入っている壁。
- **縦辷り**
  窓の回転軸が垂直方向の辷り出し窓。（⇒辷り出し）
- **玉石**
  昭和初期頃まで使われた独立基礎の１種で、上部が平らな自然石の上に直接柱を載せた。
- **単層フローリング**
  １枚の板を基材とし、表面に薄い板を貼り合わせた床材。（⇒複層フローリング＝

基材が合板・集成材）

- **力の流れ**
建物のどこにどのような力が加わるのか、また伝わっていくか（流れ）を読むことは安全の基本。

- **地耐力**
地盤が建物を支える力のこと。

- **地中梁**
基礎や建物の地中部を支える梁。基本は鉄筋コンクリート製。

- **束**
床下や小屋の梁上などで使われる短柱状の支え。

- **継ぎ手**
木材を長手方向に接合する（継ぐ）方法。蟻継ぎや鎌継ぎなど。

- **出隅**
壁や部材の2つの面が合わさった部分で、外側に出来る角。（⇔入隅）

- **通し柱**
複数階の建物で土台から軒までを通す継ぎ目の無い柱。主に外周部に建てられ、12cm角材が多く使われる。

- **独立基礎**
コンクリート台の底部を台形状に広げ（フーチング）、その上に柱を建てる独立した基礎。

- **土台**
基礎の直上に設けられる水平材で軸組の最下部、基礎から出たアンカーボルトで緊結される。
（P010 図参照）

- **取り合い**
2つの部材の接点で、どちらの面を優先させるかを決めること。

【な行】

- **布基礎**
断面が逆T字型の鉄筋コンクリート製の基礎。土台を連続して支える。

- **根太**
床板を張るための下地になる角材で、4.5cm角ないし3.6×4.5cmが多用される。

- **野地板**
屋根材の下地に敷き込む荒木材。

【は行】

- **パーティカルボード**
木材チップを接着剤で熱圧成型した板材。廃材のリサイクルとして評価されるが、釘・ネジの保持力が弱いなどの欠点も。

- **羽子板金物**
梁などの端部で、梁が抜け落ちないように取り付ける金具。

- **火打ち梁**
軒げたや2階部分の水平面に45度角に入れる補強材。地震・風圧などによる変形を防ぐ。

- **不同沈下**
建物が不均等に沈下すること。建物に歪みを引き起こす。地震による地盤の液状化と併せ注目されている。

- **ブレース**
筋かいのことだが、とくに鉄骨造などの

用語解説 >>>

建物で、筋かい同様に入れられる補強線状材を指すことが多い。

【ま行】

- **間柱**
  柱と柱の間に入る壁下地材。幅は管柱と同じだが、厚みは3cm程度。

【や行】

- **山形金物**
  柱と土台・胴差・桁などの水平部材を緊結させる金物。
- **ユリア樹脂板**
  非石油系樹脂で、難燃性や加工の容易さが特徴。電気部品などに重用される。

【ら行】

- **ラス下**
  モルタルを塗る金網(ラス)の下地材。野地板や構造用合板が多用される。
- **ルーバーサッシュ**
  可動式のガラス製羽根板を水平に並べた窓。角度調整が自由なため換気に便利。

【数字・アルファベット】

- **AR金物**
  耐震研究会の特許金物(基礎と土台)。
- **MLFIX工法**
  耐震研究会のオリジナル特許工法。
- **ML金物**
  耐震研究会の特許金具(土台と柱・筋かい、または胴差と柱・筋かい等の多用途金物)。
- **PB(石膏ボード)**
  プラスターボードの略。壁・天井などの下地材で防火・遮音に優れるが湿気に弱い。
- **SWS試験**
  地盤の強度を計測する簡易法〈P014の注記参照〉。スウェーデン式サウンディング試験。
- **1.5倍金物**
  壁倍率1.5倍(約300kg)の筋かい(30×90)を柱に接合する際に使用。

耐震設計の変遷 >>>

明治24年（1891年）	▼濃尾地震（M8.0）
大正 8年（1919年）	**市街地建築物法が制定**　日本で最初の建築法規

　　　　　　　　　　　　木造の構造基準、高さ制限が制定
　　　　　　　　　　　　筋かいは、3階建ての場合とされた

大正12年（1923年）	▼関東大震災（M7.9）
大正13年（1924年）	**市街地建築物法が改正**　耐震基準の導入

　　　　　　　　　　　　ＲＣ造等に地震力規定
　　　　　　　　　　　　木造は柱を太くする
　　　　　　　　　　　　筋かいを入れる（但し、数量規定なし）

昭和25年（1950年）	**建築基準法令の制定**　耐震基準の導入

（公庫仕様書）
　　　　　　　　　　　　地震力に対する必要壁量（壁の長さ）が制定
　　　　　　　　　　　　軒組の種類と倍率（壁の強さ）は制定
　　　　　　　　　　　　木造の外周部を布基礎する

昭和34年（1959年）	同上の改正　耐火、簡易耐火建築物の規定制定

　　　　　　　　　　　　木造の壁量の制定が強化

昭和43年（1968年）	▼十勝沖地震（M7.9）
昭和46年（1971年）	同上の改正　ＲＣ造の柱のせん断補強が改正

　　　　　　　　　　　　木造基礎は中間仕切りもコンクリート造の布基礎とする

昭和49年（1974年）	**２×４工法の告示制定**　２×４工法が導入
昭和53年（1978年）	▼宮城県沖地震（M7.4）
昭和56年（1981年）	**新耐震設計と建築基準法令の大改正**

　　　　　　　　新耐震設計法の導入　地震力に対する必要壁倍率の改正
　　　　　　　　　　　　　　　　　　軒組の種類と倍率の改正

昭和62年（1987年）	**大断面木造建築物の技術基準の制定**

　　　　　　　　集成材による大断面構造　ログハウスの技術基準

平成 4年（1992年）	**木造３階建共同住宅の基準**

　　　　　　　　木造の準耐火建築基準物が創設　木造３階建共同住宅の建設可

平成 7年（1995年）	▼阪神・淡路大震災（M7.3）

　　　　　　　　現行の建築基準法に基づいて建てられた木造建物の被害は少なかった

平成12年（2000年）	**住宅品質確保促進法**　性能の規定化

建築工法・材料の変遷 >>>

項目	1950 (昭和25年)	1960 (昭和35年)	1970 (昭和45年)	1980 (昭和55年)	1990 (平成2年)	2000 (平成12年)	2010 (平成22年)
基礎	独立基礎	外周布基礎　内部独立基礎（無筋コンクリート）		外周布基礎（無筋コンクリート）＋鉄筋コンクリート	内装布基礎（2階建てベース）鉄筋コンクリート		ベタ基礎（2階建てベース）鉄筋コンクリート
木工事	土台無し	土台の敷き込み（桧・杉、国産材中心）	外材の輸入（グリーン材が多い）	既成材・注入材を増える	外材の増加・集成材等の増加		
金物	加工による	柱脚公庫仕様　カスガイ・羽子板・釘が接合の中心			金物を使い始める	金物義務付け	
屋根	瓦中心	瓦・セメント瓦			金属版　スレート・セメント系		ガルバリウム鋼板
屋根下地	杉皮	野地板＋ルーフィング		野地板（コンパネ）＋ルーフィング		構造用合板＋ルーフィング	
外壁	南京下見板		堅羽目・モルタル壁			サイディング・ガルバリウム	
外壁下地			ラス下地			構造用合板	
内装	しっくい・京壁・せんい壁		化粧合板	ビニール		クロス貼り	
内装下地	小舞壁＋土壁			石膏ボード（胴縁下地）			
建具	木製建具　スチール建具			アルミサッシュ	防音サッシュ		ペアガラス

158　住宅耐震リフォーム 決定版

あとがき

本書を書くにあたっての目的は、冒頭に記したように三点の問題点を読者に伝えるためです。

日本は、新築着工戸数が経済指標にもなってきました。そして木造住宅の耐用年数は、30年程度と思われています。償却後の木造住宅はほぼゼロ評価です。住宅の品質、管理状態を評価しようとせず、経年数だけで機械的に価値評価を決めるという非論理的な制度が現在も行われ、日本の中古住宅市場を支配しています。

その一方では、住宅問題を憂い既存住宅の耐震補強リフォームの活性化の声が聞こえますが、思うようには前進が見られません。

現実は建築業界の対応の遅れから、耐震補強リフォーム業界における技術者の不足も感じざるを得ません。

既存住宅の現状の調査もせず、相見積もりだけが一人歩きをし、相見積もりを希望する依頼者が増え、最近では相見積もりの業者紹介をする営業会社なども増えています。

本書の中で繰り返し記してきたように、耐震補強リフォームというのは既存の建物の状態の調査がまず前提とされなければいけません。現状の相見積もりは、見積り内容の正否を問うのではなく、提出価格の安い業者選びに終始しています。

このような風潮に警鐘をならすために筆を取った次第ですが、文章力の限界を感じています。そのような不安を抱える中、元新聞記者で住宅業界に通じた岡村興次郎氏に文章表現の見直しをはじめ、多岐にわたりご協力をいただいたことに感謝申し上げます。また、イラスト面では、光永智得美さん、光永哲子さん、岡本広子さんのご協力をいただきました。皆様のご協力により出版にこぎつけることができました。本当にありがとうございました。

2017年2月　保坂貴司

● 著者

保坂貴司（ほさかたかし）

1948年東京都生まれ。工学院大学専修学校卒業。現在、(株)匠建築代表取締役、一般社団法人既存建物耐震補強研究会代表理事。日本建築学会会員
主な著書に『木造用構造調査解説書』(私家版)、『強い家づくり』『地震に強い家に住みたい』(暮らしの手帖社)、『耐震診断 改訂版』『耐震補強 改訂版』『実践 耐震リフォーム (DVD)』(日経BP社)、『自分で耐震診断できる本』(LLPブックエンド)、『住宅が危ない！シリーズ1「釘」が危ない』『世界で一番やさしい木造耐震診断』(エクスナレッジ) など

住宅耐震リフォーム 決定版

2017年2月22日　初版第1刷発行

著　者：保坂貴司
発行者：澤井聖一

発行所：株式会社エクスナレッジ
〒106-0032　東京都港区六本木7-2-26
http://www.xknowledge.co.jp/

問合せ先
編集：Tel 03-3403-3843／Fax 03-3403-1619／
　　　info@xknowledge.co.jp
販売：Tel 03-3403-1321／Fax 03-3403-1829

無断転載の禁止
本誌掲載記事（本文、図表、イラストなど）を当社および著作権者の承諾なしに無断で転載（翻訳、複写、データベースへの入力、インターネットでの掲載など）することを禁じます
©Takashi Hosaka